Clément Rosset
Short Cuts

Short Cuts 2 Herausgegeben von Peter Gente, Heidi Paris und Martin Weinmann

CLÉMENT ROSSET, 1939 in der Normandie geboren, Absolvent der Ecole Normale Supérieure (1961–65), lehrte Philosophie an der Universität Montréal (1965–67) und Nizza (1967–98), lebt in Paris.

Ob er über Literatur, Musik, Comics, Philosophie oder Mythen schreibt, Rossets Analysen kreisen alle um ein einziges Problem: den Begriff des Realen. Während die Philosophie immer der Versuchung zuneigt, die Wirklichkeit im Namen »höherer« Wirklichkeiten abzuwerten, seziert Rosset die zahllosen Abkömmlinge der paradoxen Strategie, sich des Realen zu bemächtigen, indem man sich ihm entzieht. »Alles, was darauf abzielt, die Grausamkeit des Realen abzuschwächen, die Härten des Realen zu mindern, führt unweigerlich dazu, selbst noch die besten Absichten, die großartigsten Projekte zu diskreditieren.« Aber es genügt nicht, die paradoxen Verwachsungen der Realitätsflucht aufzulisten und zu benennen. Man muß sie in aller Sorgfalt freilegen, geradezu ausgraben, um eine Ahnung davon bekommen, wie kompakt und weitverzweigt ihr anthropologischer Wurzelstock ist. Für Rosset, der sich gern auf Privatdenker wie die Sophisten, die Epikuräer, Spinoza, Montaigne, Schopenhauer und Nietzsche bezieht, ist das Erkennen des Wirklichen sein Bejahen: »Zu leben versuchen ohne zu lügen, zum Beispiel tragische Wahrheiten fröhlich aussprechen.«

CLÉMENT ROSSET
Short Cuts

Zweitausendeins

Aus dem Französischen von Peter Geble

1. Auflage, Oktober 2000.

Lizenzausgabe mit freundlicher Genehmigung des Merve Verlag, Berlin.

Lektorat: Martin Weinmann (Büro W, Wiesbaden).
Umschlaggestaltung: Sabine Kauf.
Satz und Herstellung: Dieter Kohler GmbH, Nördlingen.
Druck: Gutmann + Co GmbH, Talheim.
Einband: G. Lachenmaier, Reutlingen.
Printed in Germany.

Dieses Buch, einschließlich Schutzumschlag, Überzug und Vorsatz, wurde auf Recyclingpapier gedruckt, das zu 100% aus Altpapier besteht.

ISBN 3-86150-343-3

Ich habe immer nur geschrieben, um bei Themen, die mich fesselten, die ich aber nicht zu fassen bekam, klarer zu sehen. War mir das meiner Meinung nach gelungen, konnte ich gar nicht anders, als dies auch schriftlich niederzulegen – ungefähr so, wie man sich einen Spickzettel schreibt oder einen Knoten ins Taschentuch macht. Und Sie werden ohne weiteres merken, daß ich einen Gedanken nur soweit zu durchdenken vermag, wie es mir gelingt, ihn schriftlich zu fixieren. ... Hier muß ich anfügen, daß die Fragen, um die es mir geht und die mich in einem Maße beschäftigen, daß ich gar nicht umhin kann, auf sie eine Antwort zu finden, in Wirklichkeit nicht sehr zahlreich sind, ja, daß sie sich sogar auf eine einzige reduzieren lassen: auf die Frage, wie sich die Liebe zum Dasein mit der Gesamtheit der plausiblen oder vernünftigen Argumente versöhnen läßt, die alle dazu beitragen, eben diese Liebe zu zerstören. Es handelt sich dabei meines Erachtens um ein grundlegendes Problem, obwohl es nur ... die einfache Frage berührt, ob es möglich ist, das Leben bewußt und ohne sich täglich ein wenig belügen zu müssen, zu lieben. Wie Antisthenes denke ich, daß der größte Gewinn, den ein Weiser aus der Philosophie ziehen kann, in der Fähigkeit besteht, »mit sich selbst zu verkehren«, was voraussetzt, daß man sich nichts zu verheimlichen hat...

Der zweite Grund ... ist der, daß der Prozeß des Schreibens und des künstlerischen Schaffens in all seinen Formen, so absurd und unendlich mühsam er auch sein mag, zugleich immer auch Quelle eines besonderen Vergnügens ist. Man verweist hier häufig auf das Gefühl einer zwar vorübergehenden, aber äußerst intensiven Herrschaft über die Wirklichkeit im allgemeinen, auf den flüchtigen Eindruck, diese wäre nicht anders, als man sie der eigenen Fantasie oder dem Willen entsprechend haben möchte. ... Deshalb fühlen sich Künstler auch häufig dem Göttlichen näher und den Menschen ferner als etwa Ingenieure oder Handwerker. Wie Gott hat der Künstler nur das geschaffen, wonach ihm der Sinn stand oder wie es ihm gefiel – mit dem einzigen, freilich gewaltigen Unterschied, daß sich das Ergebnis seines quasi magischen Schaffens, mit der Schöpfung verglichen, doch bescheiden ausnimmt. Dieser Größenunterschied ist derart, daß es mir vernünftiger erscheint, das dem künstlerischen Schaffen entspringende Vergnügen nicht als Effekt totaler Macht zu interpretieren, die den Menschen punktuell mit Gott gleichsetzt, sondern als Effekt unbegrenzter Freiheit, die im übrigen nicht weniger befriedigend ist.

Die nichtbeachtung des realen

In einer Szene des Films *The Three Ages* (1923; *Drei Zeitalter*) von Buster Keaton sieht man, wie eine kuriose Gestalt, halb Astrologe, halb Meteorologe, umständlich und in komplizierte Berechnungen vertieft, eine Wettervorhersage erstellt. Nachdem er sich zu einer Entscheidung durchgerungen hat, ritzt Buster Keaton »Tagsüber sonnig« in ein Wachstäfelchen – die Szene spielt im antiken Rom –, geht vors Haus und bringt das Täfelchen außen an der Tür an. In diesem Augenblick bricht ein Schneesturm los; unverzüglich eilt er ins Haus zurück, ritzt, ohne sich mit irgendwelchen Berechnungen aufzuhalten, »Starker Schneefall« in ein anderes Täfelchen und stürzt damit wieder hinaus, um es schleunigst gegen das erste auszutauschen. Diese Scharlatanerie findet jeder zum Lachen. Genau besehen scheint mir dieser Astrologe aber einen Beweis für bemerkenswerte geistige Freiheit zu liefern: Ohne eine Sekunde zu zögern, gibt er den Tatsachen Vorrang vor dem eigenen Meinen.

Viele, wenn nicht die meisten, würden angesichts dieses Dilemmas den entgegengesetzten Weg gehen und ihre Meinung über die Tatsachen stellen. Wenn es nämlich eine dem Menschen zukommende Fähigkeit gibt, die größte Aufmerksamkeit verdient und ans Wunderbare grenzt, ist es die, jede von außen kommende Information, sowie diese sich nicht mit eigenen Erwartungen und Wünschen in Einklang bringen läßt, von sich fernzuhalten und sie nach Belieben zu ignorieren. Erweist sich die Wirklichkeit als allzu aufdringlich, ist der Mensch zu einer Wahrnehmungssperre fähig, die alles Streiten sinnlos macht und jeder Debatte ein Ende setzt – selbstredend auf Kosten des Realen. Die Fähigkeit, Informationen von sich fernzuhalten, hat etwas Faszinierendes und Magisches, beinahe Unglaubliches und Übernatürliches. Es ist völlig unbegreiflich, wie der Wahrnehmungsapparat es anstellt, nicht wahrzunehmen, wie das Auge es schafft, nicht zu sehen, das Ohr, nicht zu hören. Doch diese Fähigkeit, oder besser diese Antifähigkeit gibt es; an ihr ist nichts Ungewöhnliches, sie kann allenthalben beobachtet werden.

Proust liefert zu Beginn von *Auf der Suche nach der verlorenen Zeit* eine treffende Beschreibung von der Leistungsfähigkeit dieses antiperzeptiven Vermögens, wenn er die Gefühle und Reaktionen der Großtante in Combray gegenüber Swann analysiert. Bekanntlich weigert sich die Großtante zu begreifen, daß Swann, ein Freund der Familie, sich in seinem sonstigen Leben fern der Gesellschaft von Combray in künstlerisch und gesellschaftlich höchsten Kreisen bewegt. Die Tatsachen wollen sich freilich kaum abwimmeln lassen; die Zeichen, die auf die wirkliche Stellung Swanns hinweisen, sind so zahlreich und beredt, daß sie eine ständige Herausforderung an ihr Wirklichkeitsgefühl sind. Der Großtante allerdings macht rein gar nichts Eindruck; es ist herrlich zu beobachten, wie gekonnt, fast genial sie jede Information, die sie Tag für Tag erhält, verdreht und wie es ihr gelingt, sie zum Nachteil Swanns auszulegen. Ein regelrechtes Wechselspiel von Botschaften und ironischen Repliken entfaltet sich. Botschaft: Ihr wird berichtet, Swann besitze eine berühmte Gemäldesammlung. Replik der Großtante, an Swann gerichtet: »Verstehen Sie denn auch etwas davon? Ich frage nur in Ihrem Interesse, weil Sie sich womöglich von den Händlern wertlose Schmarren aufschwatzen lassen.« Andere Botschaft: Swann habe, wird berichtet, »bei einer Prinzessin« gespeist. Replik: »Das glaube ich, bei einer Theaterprinzessin!« Dritte Botschaft: Swann sei gut befreundet mit Madame de Villeparisis. Replik der Großtante, an ihre Schwester gerichtet, die ihr die große Neuigkeit überbringt: »Was? Sie kennt Swann? Und du hast behauptet, sie sei eine Kusine des Marschalls MacMahon!« Diese letzte Replik vermittelt einen guten Eindruck, wie unüberwindlich die Mauer ist, die die Großtante vor der Anerkennung der gesellschaftlichen Stellung Swanns schützt: Sie ist umstandslos bereit, jede Person von Rang, von der nicht zu leugnen ist, daß Swann mit ihr Umgang gehabt hat, sozusagen aus dem Gotha zu streichen. Eher hätte die Großtante die gesamte europäische Aristokratie zur Bourgeoisie erklärt, als Swann einen höheren sozialen Rang zuzugestehen. Eine Person nach der anderen: zuerst Madame de Villeparisis, dann der Prinz von Wales, der Graf von Paris und, warum nicht, zur Not auch Marschall MacMahon höchstpersönlich. Ein Wunder an Wahrnehmungsverweigerung! Selbst wenn der Großtante von der Wirklichkeit Swanns *alles* gezeigt worden wäre, hätte sie doch garantiert *nie etwas* davon zur Kenntnis genommen. René Girard hat dies in *Mensonge romantique et vérité romanesque* sehr schön kommentiert: »Wie eine lästige Fliege setzt sich die Wahrheit der Großtante immer wieder auf die Nase, doch eine Handbewegung genügt, und sie ist verjagt.« Als würde ein Riegel vorgeschoben, der jegliche Information blockiert. Wenn etwas geradezu in die Augen springt oder wirklich mit Händen greifbar ist, pariert man das einfach mit einem Wahrnehmungsaussetzer. Als würde ein eiserner Vorhang heruntergelassen, der die Wirklichkeit aussperrt – wie den Besucher eines Museums oder Gasthauses, das schließt und alle abweist: »Feierabend, für heute ist's genug. Gute Nacht!« Wollte die Wirklichkeit ihre legitimen Rechte, wahrgenommen zu werden, mit Nachdruck einfordern, würde sie sich dieselbe Abfuhr holen wie der Museums- oder Gasthausbesucher, der sich nicht an die Zeiten halten und sich mit Gewalt Zutritt verschaffen will: »Wir haben Ihnen doch schon gesagt, daß geschlossen ist.« Ein schlagendes Beispiel für diese »Abdichtung« der Wahrnehmung findet sich am Ende des Films *Plötzlich im letzten Sommer*, den Joseph Mankiewicz nach dem Stück von Tennessee Williams gedreht hat. Den ganzen Film über kämpft Mrs. Venable, die Protagonistin, gegen Wahrheiten an, die ihr ihre Nichte und ein Arzt nahezubringen versuchen. Bevor das Offensichtliche sie vollends zum Schweigen verurteilt, entläßt sie die beiden und zieht sich in die obere Etage ihrer Villa zurück, wohin sie in einem Lift verschwindet, der Welt entschwebt und ihrer lästig gewordenen Gesellschafter und der Wirklichkeit enthoben ist. Nicht anders hält es auch Tartuffe, wenn er einen lästigen Gesprächspartner mit den Worten unterbricht:

Monsieur, es ist bereits halb vier, ich muß nach oben,
denn es ruft mich eine fromme Pflicht.
Drum, wenn ich euch so rasch verlasse, zürnt mir nicht.[1]

Ein besonderer Sicherheitsriegel hindert somit unter bestimmten Umständen die Menschen, von ihrem Wahrnehmungsvermögen wie gewohnt Gebrauch zu machen (unter »Menschen« verstehe ich selbstverständlich alle

Menschen, wobei ich die Unterschiede in puncto Intelligenz und Scharfsinn nicht auf einen vorhandenen oder nicht vorhandenen Riegel, sondern darauf zurückführen würde, wie weit der Riegel vorgeschoben worden ist). Es ist ziemlich schwierig, genau zu bestimmen, wie der Riegel beschaffen ist und funktioniert; es ist kaum übertrieben, aber wer dem Geheimnis dieser Sperre auf den Grund kommt, der weiß, was den Menschen ausmacht. Offensichtlich besteht sie, soviel kann man sagen, in der Definition eines Punktes, jenseits dessen nichts mehr wahrgenommen wird, oder, anders ausgedrückt, in der Definition einer Wahrheit, von der ein für allemal feststeht, daß sie unumstößlich ist. Sie markiert die Grenzen eines unverletzlichen Territoriums (genau wie Combray bei Proust). Darüber hinaus hat eine solche Sperre immer etwas *Antizipatorisches*: Sie ist eine Negation, die jede kritische Untersuchung und jede spätere Entdeckung vorwegnimmt, eine Art halluzinatorischer Beschwörung der Zukunft, also dessen, was naturgemäß völlig unvorhersehbar und ungewiß ist – obwohl man hier nuancieren und sogleich hinzufügen muß, daß diese Beschwörung nur zur Hälfte halluzinatorisch ist, da sie sich erfahrungsgemäß als durchaus wirksam erweist, zumindest in einem gewissen Sinn. Es handelt sich daher weniger um einen Schutz vor gegenwärtigen Gefahren als vielmehr um eine Vorsichtsmaßnahme, eine a priori vorgebrachte Abwehr künftiger Angriffe – eine notwendigerweise widersprüchliche Abwehr, sind doch die drohenden Gefahren und die angemessenen Schutzmaßnahmen immer erst nachträglich bekannt. So brachte es der Regisseur Abel Gance tatsächlich fertig, noch vor Drehbeginn jeden künftigen Einwand gegen seinen Film *Napoleon* abzuwehren, indem er vor seinen versammelten Mitarbeitern 1924 verkündete: »Wenn ich euch zusehe, möchte ich eine Kraftwoge verspüren, die alle Dämme des kritischen Sinns wegspült.« Hier ist der Sperrmechanismus deutlich zu beobachten: Ich, Gance, stelle bereits heute fest, daß sich jeder, der meinen künftigen Film kritisieren wird, ins Unrecht setzt. Sollte er doch kritisiert werden, ist damit lediglich bewiesen, daß Gance mit seiner Voraussage recht hatte, daß man ihn zu Unrecht kritisieren würde. Der Riegel, der den Filmemacher ebenso schützt wie die Tante in Combray, ist eingerastet. Das Verfahren der *graphe paranomon* im alten Athen, das den Bürgern unter Androhung härtester Strafen, einschließlich der Todesstrafe, untersagte, ein Gesetz anzufechten, das zuvor von der Volksversammlung angenommen worden war, wäre ein vergleichbares Beispiel für eine im Vorgriff installierte Sicherheitssperre.

Das Bemerkenswerteste am Phänomen der Wahrnehmungsverweigerung ist, daß abgeschottete Meinungen durch widerstreitende Informationen und krasse Widerlegungen, die ihnen die Wirklichkeit unablässig entgegensetzt, nicht nur nicht entkräftet, sondern im Gegenteil bestätigt und verstärkt werden. Wie andere Systeme, die sich durch Rückkoppelung selbst regulieren, ist auch das System Wahrnehmungssperre so organisiert, daß die von ihm erzeugten Fehler es nicht schwächen, sondern ihm geradezu neue Energien zuführen, die sich im ständigen Widerstreit mit dem Realen bilden, den seine Fehler dummerweise nach sich ziehen. Die Fehlschaltungen, die ihm notwendigerweise unterlaufen, sind so programmiert, daß sie die Fehlerquelle, die sie verursacht hat, ständig neu aufladen; das System Wahrnehmungssperre wird durch die Fehler, die es produziert, überhaupt erst am Laufen gehalten. Ich erinnere mich an eine Kommilitonin aus meiner Studienzeit, die felsenfest überzeugt war, daß unser Professor sie insgeheim anbetete, trotz der sarkastischen und oft überaus verletzenden Bemerkungen, mit denen er jede ihrer Wortmeldungen abwürgte. Jedesmal, wenn sie wieder eine solche Abfuhr einzustecken hatte, drehte sie sich mit einem triumphierenden Lächeln zu uns um, als wollte sie uns zu Zeugen machen und uns sagen: »Seht doch, ich träume nicht, er liebt mich!« Ein anderes Beispiel aus der Literatur wäre der berühmte Boubouroche aus der gleichnamigen Komödie von Courteline, den ein wohlmeinender, aber schlechtberatener Nachbar von der Treulosigkeit seiner Mätresse überzeugen will. Boubouroche überrascht nun tatsächlich seinen Rivalen, der sich bei Adèle versteckt hat. Es ist klar, was passiert. Prompt schließt er daraus, daß die Treue seiner

Mätresse größer sei, als er zu hoffen wagte. Der Rückkoppelungseffekt funktioniert vorbildlich und führt bei Boubouroche zur keinen Widerspruch duldenden Überzeugung: »Adèle kann mich nicht betrügen. Der Beweis: Sie betrügt mich.« Boubouroche war sich dessen bereits sicher, nun hat er den Beweis in Händen – und zwei Sicherheiten wiegen mehr als eine. Der einzige Bösewicht der ganzen Affäre ist der Denunziant von nebenan, der entsprechend Prügel bezieht. Wohlverdiente Prügel übrigens, denn er hätte wissen müssen, daß jede unangenehme Nachricht, die in ein System Wahrnehmungssperre eingegeben wird, sich sogleich in eine zusätzliche Bestätigung verwandelt, deren einziger Effekt ist, dem »Wahrnehmungsverweigerer« das Quentchen trügerische Gewißheit zu verschaffen, das ihm noch fehlte.

Der außergewöhnlich starke Widerstand gegen die Wahrnehmung, der es Courtelines Boubouroche oder Prousts Großtante in Combray erlaubt, nicht zu sehen, was unter ihren Augen vorgeht, ist aber keineswegs, wie man vielleicht gerne meint, schlicht und einfach »Dummheit«. Es ist eine Verblendung, die viel zu viel mit dem zu tun hat, was man täglich in den Äußerungen des fanatischen und haßerfüllten Wahnsinns beobachten kann, als daß sie als eigene, »Dummheit« genannte Gattung betrachtet werden könnte. Man darf sie nicht als harmlose Scheuklappen definieren, sie, mit anderen Worten, von dem Verdacht freisprechen, mit den verwandten Gattungen des Wahnsinns und des Hasses etwas gemein zu haben. Im Fall von Boubouroche und der Großtante darf, ja, muß man von Dummheit sprechen, doch nicht ohne hinzuzufügen, daß diese Art von Dummheit sich nicht von jenen Prozessen unterscheiden läßt, die im Falle des Wahnsinns und des Hasses ablaufen. Nun scheint sich der gesunde Menschenverstand zwar dagegen zu sträuben, Seelenregungen zu vermengen, die so grundverschieden zu sein scheinen. Aber er kann auch irren und Unterscheidungen einführen, wo es nichts zu unterscheiden gibt: indem er sich, wie Descartes sagen würde, »formale Distinktionen« zwischen Gegenständen ausdenkt, die sich real durch nichts unterscheiden lassen. Eine vertiefte und erschöpfende Analyse, wie sie nur der Gott von Leibniz durchführen könnte, würde vielleicht auf den Beweis hinauslaufen, daß die drei Begriffe Dummheit, Bösartigkeit und Wahnsinn drei Wörter sind, die ein und dieselbe psychologische Wirklichkeit bezeichnen. Ich werde mich hier mit einigen kurzen Bemerkungen begnügen, die auf die Durchlässigkeit der Grenzen hinweisen wollen, die traditionell einerseits die Dummheit vom Wahnsinn, andererseits die Dummheit vom Haß trennen.

Was die erste Grenze angeht – die zwischen Wahnsinn und Dummheit –, so ist zunächst zu sagen, daß Wahnsinn und Dummheit gewissermaßen zwei Verbündete sind, die sich gegenseitig beistehen, sowie sich eine Gefahr am Horizont abzeichnet; mir scheint, sie hängen so eng zusammen, daß man kaum je auf den einen treffen kann, ohne auch den anderen zu finden. Keine Dummheit könnte, wenn ich so sagen darf, von selbst funktionieren, gestützt allein auf ihre eigenen Kräfte. Wenn sie beschließt, daß das, was sich ihrer Wahrnehmung anbietet, ohne jeden Wirklichkeitsgehalt ist, so hat sie damit nur Erfolg, wenn sie jene Wirklichkeitsverleugnung aktiviert, die die Spezialität des Wahnsinns ist. Umgekehrt funktioniert kein Wahnsinn ohne die Unterstützung einer gewissen Dummheit (übrigens auch nicht ohne eine gewisse Portion Haß), hinter der er sich im Fall allzu neugierigen Nachhakens beziehungsweise allzu lästiger Fragen verschanzen kann. Die Beobachtung von Verrückten, egal ob es sich um eine handfeste Störung oder um eine leichte Neurose handelt, bestätigt dies weitgehend: Sowie sich der Geistesgestörte in einer ernsthaften Schwierigkeit befindet, behilft er sich unweigerlich mit absurden Rechtfertigungen oder unsinnigen Argumentationen. Ohne die ständige Unterstützung durch die Dummheit wäre das Ausleben des Wahnsinns schlicht und einfach unmöglich: Die von ihm eingenommenen, zugleich aber in sich unhaltbaren Positionen stürzten wie ein Kartenhaus zusammen.

Es ist kaum nötig, weiter darauf hinzuweisen, daß die Mauer, mit der sich der Verrückte vor dem Realen schützt, von genau der gleichen Art ist wie die, mit der sich jeder als normal, aber nicht besonders klug angesehene Zeitgenosse (wie die Großtante in Combray) vor Wirklichkeiten schützt, deren Anerkennung Unannehmlichkeiten bereiteten. Was Freud »Verdrängung« nannte, ist im Grunde nur ein besonderer Fall der Abriegelung, die man in jedem »normalen« Fall von Wahrnehmungssperre beobachten kann. Bei der Analyse einer jungen und klugen Hysterikerin macht Freud folgende Erfahrung, die er in einem 1920 veröffentlichten Artikel festhält: »Die Analyse vollzog sich fast ohne Anzeichen von Widerstand, unter reger intellektueller Beteiligung der Analysierten, aber auch bei völliger Gemütsruhe derselben. Als ich ihr einmal ein besonders wichtiges und sie nahe betreffendes Stück der Theorie auseinandersetzte, äußerte sie mit unnachahmlicher Betonung: ›Ach, das ist ja sehr interessant‹, wie eine Weltdame, die durch ein Museum geführt wird und Gegenstände, die ihr vollkommen gleichgültig sind, durch ein Lorgnon in Augenschein nimmt.«[2] Diese Zurückweisung beziehungsweise »Nichtwahrnehmung«, der Lieblingsweg jedes Analysanden, auf dem er zu einem billigen Triumph über seinen Analytiker kommen kann, erinnert unweigerlich an die Haltung der Großtante Swann gegenüber wie an die von Mrs. Venable in *Plötzlich im letzten Sommer*, die sich von ihrem Arzt genau in dem Moment verabschiedet, als dieser glaubt, endlich am Ziel angekommen zu sein. Tatsächlich ist in diesem Doppelspiel von Wahnsinn und Dummheit der Stärkere immer der Verlierer, und der Schwächere der Gewinner. Denn unzweifelhaft ist, wer hier gewinnt, ein Schwacher, wenngleich es ihm gelingt, einen Gegner in die Flucht zu schlagen, der weit stärker ist als er selbst. Pierre Janet hat die Dinge im Kern sicher richtig gesehen, als er die allgemeine Quelle jeglichen Wahnsinns in einem Mangel an psychischer Energie ausmachte. Es muß jedoch hinzugefügt werden, daß in dieser Debilität eine große Kraft steckt und die Energie, die dem Wahnsinnigen fehlt, wenn er sich mit dem Realen auseinandersetzen soll, ihm wunderbarerweise immer wieder zuwächst, wenn es darum geht, sich das Reale beziehungsweise seine unterstellten Repräsentanten vom Leib zu halten. Deswegen ist der Wahnsinnige (und aus denselben Gründen der Dumme) zugleich sehr schwach und sehr stark. Sehr schwach, weil er außerstande ist, das Reale zu ertragen. Aber auch sehr stark, weil es ihm auf seine Weise gelingt, das Reale, an dem er leidet, tatsächlich auszuschalten. Diese Kraft – das Reale auszuschalten – ist, wie gesagt, zutiefst rätselhaft. Es ist völlig unersichtlich, welche Gegenkraft einem solchen Vermögen, einer solchen Macht, jemals gewachsen sein könnte. So kommt man notgedrungen an den Punkt, den Sinn und den Wert jedweder Behandlung von Neurosen in Frage zu stellen, wie groß auch immer Intelligenz und Kompetenz des jeweiligen Psychiaters beziehungsweise Psychoanalytikers sein mögen. Angesichts eines solchen Standvermögens auf seiten des Wahnsinnigen beziehungsweise des Dummen

erscheinen die Kräfte eines gesünderen beziehungsweise besser unterrichteten Geistes ausgesprochen lächerlich; und ich würde jede Wette eingehen, daß sie stets als Verlierer dastehen werden.
Dieser Gleichsetzung von Dummheit und Wahnsinn könnte man die allenthalben völlig zu Recht anerkannte Tatsache der hohen Intelligenz und Findigkeit entgegenhalten, die die meisten Verrückten bei Bedarf an den Tag legen. Doch dieser Einwand fällt in sich zusammen, wenn man entdeckt, daß alle diese strategischen Vorkehrungen, die wahre Wunder an Durchtriebenheit und psychologischem Scharfsinn, manchmal möchte man fast den Okkultismus bemühen und sagen: an divinatorischer Hellsichtigkeit sind, in einer inneren »Wahrheit« gefangen bleiben, die vor jeder von außen kommenden Information abgeschirmt wird. So daß die Intelligenz des Wahnsinnigen, ganz wie die des Dummkopfs, dessen Leistungen in dieser Hinsicht ebenfalls recht beachtlich sein können, lediglich der Abwehr dient und nie dazu, etwas hinzuzulernen; genauer noch, ihre paradoxe Aufgabe besteht darin, sich gegen die Intelligenz selbst zu verteidigen. Es ist ja bekannt, daß das Phänomen der Zensur, wie sie von kollektivistischen Ideologien und Regimen gehandhabt wird, dieselben Ursachen besitzt und dieselben Ziele verfolgt.
Sowenig wie vom Wahnsinn ist die Dummheit vom Haß zu unterscheiden. Die Verbindung von Dummheit und

Haß erscheint mir aus sich selbst heraus so evident, daß ich auf sie eigentlich nur deshalb zu sprechen komme, weil sie meist unbemerkt bleibt. Jeden Tag kann man hören, wie Personen, die mit jeder Handlung und jeder Äußerung ihrer Umgebung ganz offensichtlich das Leben schwer machen, in Schutz genommen werden, indem gesagt wird, man dürfe ihnen dies nicht nachtragen, denn sie hätten trotz allem ein wunderbares und durch und durch gutherziges Naturell. Sie seien nur, wird versichert, etwas ungeschickt und sich ihrer Taten und Redeweisen nicht so recht bewußt. Wir haben es hier mit einer phantasmatischen und völlig haltlosen Unterscheidung zwischen dem Faktum der Belästigung und der unterstellten Absicht zu tun, zwischen einer Dummheit, die für ihre Taten verantwortlich ist, und einer Gutmütigkeit, der man die Verantwortung für ihre Absichten nicht zumuten will. Ich möchte hier noch einmal, ein letztes Mal, auf das Beispiel der Großtante in Combray und ihrer beständigen Weigerung, die gesellschaftliche Stellung Swanns zur Kenntnis zu nehmen, zurückkommen. Diese Weigerung kann und muß wohl auch als Dummheit interpretiert werden. Aber sind aus ihr nicht auch Neid und Haß herauszulesen? Eine ihrer Äußerungen sollte genügen, um selbst den wohlwollendsten Leser über diesen Punkt aufzuklären. So meint sie zu Swann, als das Gespräch einmal auf die Prinzen des französischen Königshauses kommt, es seien »Leute, deren Bekanntschaft wir niemals machen werden, weder Sie noch ich, und wir können auch darauf verzichten, nicht wahr«.[3] Unmöglich, ihren Haß besser wiederzugeben, sowohl Swann gegenüber, den sie mit eiserner Hand auf ihrem eigenen Niveau festhält (»weder Sie noch ich«), als auch der königlichen Familie gegenüber, mit der zu verkehren sie für etwas Unmögliches hält und verschmäht (»wir können auch darauf verzichten, nicht wahr«).

Pascal hat für die trügerische Unterscheidung zwischen Taten und Absichten nichts als Spott übrig, wenn er im dritten Brief der *Lettres Provinciales* die häretischen, im Grunde aber allgemein für unzutreffend gehaltenen Tatbestände, die Arnauld vorgeworfen werden, seinen häretischen Absichten gegenüberstellt, die nach dem Dafürhalten seiner Verleumder ungeheuer sind: »Nicht Herrn Arnaulds Glaube ist ketzerisch, sondern nur seine Person. Es ist eine persönliche Ketzerei. Er ist nicht deshalb ein Ketzer, weil er dies oder jenes gesagt oder geschrieben hat, sondern nur, weil er Herr Arnauld ist.«[4] Die jeweiligen Werte von Tat und Absicht sind hier natürlich ins Gegenteil verkehrt. In den Augen der Zensoren Arnaulds sind seine Taten und Reden harmlos, seine Absichten jedoch verwerflich; im Fall der Großtante sind, zumindest oberflächlich betrachtet, umgekehrt die Taten und Reden verwerflich, die Absichten harmlos.

In beiden Fällen handelt es sich freilich um die gleiche Täuschung, da ihr der prinzipielle gleiche Irrtum zugrunde liegt: eine fälschliche Unterscheidung zwischen dem, was man tut, und dem, was man zu tun glaubt, zwischen dem, was man sagt, und dem, was man zu sagen glaubt.

Das Prinzip der hinreichenden Wirklichkeit

Jede Philosophie ist eine *Theorie des Realen,* ist also, gemäß der griechischen Etymologie des Wortes Theorie, das Ergebnis eines auf die Dinge gerichteten Blicks: eines zugleich schöpferischen und interpretierenden Blicks, der beansprucht, auf seine Art und Weise und entsprechend der ihm eigenen Mittel von einem gegebenen Gegenstand oder von einer bestimmten Menge von gegebenen Gegenständen Rechenschaft abzulegen. Rechenschaft-Geben in einem sehr weiten Sinn: als Nachhall und Zeugnis einerseits (so wie man einen Bericht über irgendein Thema erstellt), als Bewertung andererseits (so wie man den Wert eines Erbes festsetzt, um es in geldwerte Anteile aufteilen zu können). Der philosophische Blick ist also insofern immer auch Interpretation, als er »mißt« – wie Nikolaus von Cues in *Der Laie über die Weisheit* an einem hübschen Beispiel zu belegen sucht, indem er das Geistige der *mensuratio,* das Denken dem Messen angleicht. Immer

ist er aber auch schöpferisch, da die Bilder, die er von der Wirklichkeit einfängt, keine Fotografien sind, sondern Neubildungen, die von ihrem dargestellten Original nicht weniger abweichen als ein Roman oder ein Gemälde. Freilich läßt der spekulative und intellektuelle Charakter der Philosophie den Aspekt des Hergestellten, des Produzierten, der gleichwohl vorrangig ist, manchmal in Vergessenheit geraten. Eine Philosophie besteht zunächst und vor allem in einem *Werk* und in einer Schöpfung – einer Schöpfung, deren Kennzeichen sich nicht grundsätzlich von denen anderer Werke unterscheiden. Originalität, Erfindungs- und Einbildungskraft, kompositorische Begabung und Ausdruckskraft sind bei einem großen philosophischen Text genauso maßgebend wie bei jedem anderen gelungenen Werk.
Was das Spezifische der Philosophie ausmacht und sie von vergleichbaren Strebungen (Kunst, Wissenschaft, Literatur) unterscheidet, ist also weniger die Art der angewandten Technik als vielmehr die Natur des Gegenstands, den sie näherzubringen versucht. Es ist nämlich kein besonderer Gegenstand, auch keine besondere Auswahl von Gegenständen, sondern die Gesamtheit aller existierenden Gegenstände, egal ob aktuell vorhanden oder nicht; kurzum, es ist die Wirklichkeit im allgemeinen, begriffen in der Totalität ihrer raum-zeitlichen Dimensionen. Dem Philosophen geht es darum, von einem Blick Rechenschaft abzulegen, der nicht auf dieses oder

jenes Ding, sondern auf jegliche Art von Dingen gerichtet ist, einschließlich jener, die sich außerhalb der Reichweite seiner Wahrnehmung befinden (wobei letztere natürlich in der Mehrzahl sind, angefangen bei denen, die zwar seiner näheren Umgebung angehören, sich aber notgedrungen seiner Beobachtung entziehen, da sie viel zu viele sind und schon für sich allein die Aufnahmefähigkeit des Menschen im Laufe seines Lebens bei weitem übersteigen). Um es mit Lukrez zu sagen: Die Wirklichkeit besteht einerseits aus dieser Welt, von der wir gelegentlich einen Teil erfassen *(haec summa)*, andererseits aus der Gesamtheit der Welten, die wir gewissermaßen überhaupt nicht wahrnehmen können *(summa rerum)*. Der Anspruch, von der Gesamtheit der bekannten und unbekannten Gegenstände Rechenschaft abzulegen, macht das Maßlose und das Spezifische der philosophischen Tätigkeit aus. Ich wiederhole: Das Spezifische der philosophischen Tätigkeit besteht im wesentlichen nicht darin, »theoretischer« oder »abstrakter« als eine andere Tätigkeit, sondern *allgemeiner* zu sein: eine Theorie der Wirklichkeit im allgemeinen und nicht eine Theorie dieser oder jener besonderen Wirklichkeit (oder einer Auswahl besonderer Tatsachen), wie es beispielsweise ein Gemälde, ein Roman, ein mathematisches Theorem oder ein physikalisches Gesetz sind. Es ist wohl stets dasselbe Reale, dessen man habhaft zu werden versucht, der Unterschied ist jedoch der, daß die nichtphilosophischen »Theorien«

sich mit dem Realen »en detail« beschäftigen, während die Philosophie – als Theorie der Wirklichkeit »en gros« – sich hauptsächlich für das Reale in seiner Gesamtheit interessiert.

Sieht man sich die Geschichte der Philosophie näher an, so stellt man jedoch fest, daß die meisten Philosophien ihr Ziel, eine allgemeine Theorie des Realen zu entwerfen, nur unter der seltsamen Voraussetzung erreichen konnten, den Gegenstand ihrer Theorie aufzulösen, ihn in jenes Quasi-Nichts abzudrängen, das Platon das »mindere Sein« *(me on)* nannte, welches den sinnlichen, das heißt realen Dingen eigen sei, die ohnehin nur für halb oder kaum existent gelten. Als könnte die Wirklichkeit, von der ein Maler oder ein Schriftsteller – bei passender Gelegenheit und jeder auf seine Art – jedes Detail wiederzugeben vermag, in ihrer Gesamtheit vom Philosophen nur unter der Bedingung erfaßt werden, daß sie in ihrem Prinzip selbst bestritten und somit um ihren Anspruch gebracht wird, Wirklichkeit zu sein, nichts als Wirklichkeit, die ganze Wirklichkeit. Im übrigen stimmen Philosophie und allgemeines Lebensgefühl in der Grundüberzeugung überein, daß die Dinge in ihrer Besonderheit, das heißt einzeln betrachtet, wahr, in ihrer Gesamtheit jedoch zweifelhaft sind; das heißt allgemein betrachtet: daß eine Einzelerscheinung für real angesehen werden muß, die Gesamtheit der Einzelerscheinungen aber, aus denen sich die Wirklichkeit zusammensetzt, eher ungewiß erscheint – mit anderen Worten, daß, wenn es auch unmöglich ist, einen beliebigen Gegenstand im besonderen in Zweifel zu ziehen, es sehr wohl möglich ist (und die Philosophie bringt dies sehr häufig zum Ausdruck), das große Ganze im allgemeinen in Zweifel zu ziehen. Das reale Ereignis wird als real anerkannt, nicht aber die Summe der Ereignisse, deren Teil es ist, oder vielmehr, deren Teil es nicht wirklich ist, gibt es doch vom einzelnen Ereignis eine präzise Wahrnehmung, von der Summe der Ereignisse aber nur ein unbestimmtes Gefühl. Dieses Paradox einer Gewißheit angesichts der Einzelheit verbunden mit einer Ungewißheit angesichts des Ganzen läßt sich sowohl mit einer mathematischen Formel ausdrücken (Paradox eines existierenden Elements, das einer nicht existierenden Menge angehört) wie auch mit einer arithmetischen (Paradox einer Einheit, deren Wert mit 1 festgesetzt ist, die aber nicht 2 ergibt, wenn eine zweite Einheit hinzuaddiert wird). Es ist zwar unschwer einzusehen, daß es Wirklichkeit nur als singuläre und nicht als gattungsmäßige Wirklichkeit gibt, daß Hunde, wie es die nominalistischen Philosophen des Mittelalters lehrten, nur im besonderen und kaum als Hund im allgemeinen existieren. Schon schwieriger ist es einzusehen, daß die Summe der einzelnen Wirklichkeiten einer nichtexistenten beziehungsweise imaginären Realität gleichkommen soll, vergleichbar den Schatten aus Platons berühmtem Höhlengleichnis.

Anders, als man zunächst vermuten würde, hat die notorische Abneigung der Philosophie, sich nur und allein an die Wirklichkeit zu halten, nichts mit einem – legitimen – Kleinmut zu tun, der Wirklichkeit in ihrer Unermeßlichkeit nicht gewachsen zu sein, sondern genau dem entgegengesetzten Gefühl: der festen Überzeugung, daß in der Wirklichkeit, auch wenn sie vollständig erforscht und bekannt wäre, niemals der Schlüssel gefunden werden kann, mit dem sie zu verstehen ist. Denn sie hält in sich nicht die Dekodierungsregeln bereit, die es erlauben würden, ihre Natur und ihren Sinn zu entziffern. Sich nur und ausschließlich an die Wirklichkeit zu halten, liefe somit darauf hinaus, sich immer nur mit der verkehrten Seite zu beschäftigen, ihre Vorderseite aber nie zu Gesicht zu bekommen, beziehungsweise sich mit einer Dublette, einer Kopie zu begnügen, deren Original immer unbekannt bleiben wird. Die Philosophie stößt sich am Realen gewöhnlich nicht aufgrund seines unerschöpflichen Reichtums, sondern eher aufgrund seiner grundsätzlichen Dürftigkeit, was die Wirklichkeit zu einer zu umfangreichen und zugleich zu geringen Materie macht: zu umfangreich, um erforscht, zu gering, um verstanden zu werden. Im Realen, so unendlich und unergründlich es auch sein mag, findet sich tatsächlich nichts, was zu seiner eigenen Intelligibilität beitragen könnte: So bleibt es nicht aus, daß man anfängt, sein Prinzip andernorts zu suchen und das Geheimnis des Realen außerhalb des

Realen selbst zu verlegen. Von daher die Vorstellung von einer dem Realen innewohnenden *Unzulänglichkeit*: Immer wird es, wenn ich so sagen darf, und zwar in jeder Bedeutung des Wortes, seinen eigenen »Grund« verfehlen. Der Gedanke einer Unzulänglichkeit des Realen – die Idee, der Wirklichkeit sei philosophisch nur mit Hilfe eines der Wirklichkeit äußerlichen Prinzips (Idee, Geist, Weltseele etc.) beizukommen, das dazu berufen sei, sie zu begründen und zu erklären, wenn nicht zu rechtfertigen – bildet eines der grundlegenden Motive der abendländischen Philosophie. Dagegen erscheint die Idee einer »Hinlänglichkeit des Realen«, was ich in Erinnerung an Leibniz und den Satz vom hinreichenden Grund das *Prinzip der hinreichenden Wirklichkeit* nennen möchte, allen Philosophen – oder fast allen: Natürlich müssen hier Denker wie Lukrez, Spinoza, Nietzsche und in einem gewissen Ausmaß sogar Leibniz selbst ausgenommen werden – von einer nicht zu überbietenden Unangemessenheit. Das Reale zum Ausgang und Ziel des Denkens zu machen, ist für die Philosophie wie für die gängige Meinung Anlaß zu hämischem Gelächter, so etwas wie ein grundsätzlicher Irrweg, den nur völlig stumpfsinnige Geister einschlagen können, denen noch die geringste Fähigkeit zur Reflexion abgeht. Von daher die immer gleichen Quodlibets, mit denen die Mehrheit der Philosophen alle abfertigt, die bekennen, sich für die unmittelbare Erfahrung zu interessieren, oder, schlimmer noch, sich mit ihr sogar zufriedengeben wollen. So auch Hegel in jener bemerkenswerten Passage zu Beginn der *Phänomenologie der Geistes*, in der er eine solche Geisteshaltung noch unter die Weisheit der Tiere stellt: »In dieser Rücksicht kann denjenigen, welche jene Wahrheit und Gewißheit der Realität der sinnlichen Gegenstände behaupten, gesagt werden, daß sie in die unterste Schule der Weisheit, nämlich in die alten Eleusinischen Mysterien der Ceres und des Bacchus zurückzuweisen sind und das Geheimnis des Essens des Brotes und des Trinkens des Weines erst zu lernen haben; denn der in diese Geheimnisse Eingeweihte gelangt nicht nur zum Zweifel an dem Sein der sinnlichen Dinge, sondern zur Verzweiflung an ihm und vollbringt in ihnen teils selbst ihre Nichtigkeit, teils sieht er sie vollbringen. Auch die Tiere sind nicht von dieser Weisheit ausgeschlossen, sondern erweisen sich vielmehr, am tiefsten in sie eingeweiht zu sein; denn sie bleiben nicht vor den sinnlichen Dingen als an sich seienden stehen, sondern verzweifelnd an dieser Realität und in der völligen Gewißheit ihrer Nichtigkeit langen sie ohne weiteres zu und zehren sie auf; und die ganze Natur feiert wie sie diese offenbaren Mysterien, welche es lehren, was die Wahrheit der sinnlichen Dinge ist.«[5] Diese Abwertung der unmittelbaren Wirklichkeit ist ein besonders beredter Ausdruck des »Prinzips der nicht hinreichenden Wirklichkeit«, das das Credo jeder philosophischen Negation des Realen bildet.

Daß Hegel den Hunger der Tiere an die Einsicht der ontologischen Dürftigkeit ihres Futters bindet, ist reichlich überdreht: ein Schwein, das sich erst vom mageren Realgehalt des ihm angebotenen Futters und von der »völligen Gewißheit seiner Nichtigkeit« überzeugen will, bevor es sich dazu entschließen kann »zuzulangen«.
Es zeugt von einer verwandten Geisteshaltung, wenn Eric Weil, ein moderner Hegelianer, in einem ausdrücklich der Wirklichkeit gewidmeten Artikel (»Sur la réalité«) sich gleich zu Beginn zu der Erklärung versteigt, die Wirklichkeit, die wir erfahren können, sei bar der »wirklichen Wirklichkeit«: »Was unmittelbar gegeben ist, ist nicht wirklich.« Nicht minder kühn ließe sich genausogut behaupten, daß ein Getränk, das gegeben ist, um getrunken zu werden, kein wahrhaftiges Getränk sei, oder daß eine Frau, die sich Zärtlichkeiten hingibt, nicht wirklich eine Frau sei. Natürlich sind solche Behauptungen unsinnig, aber auch, wenn ich so sagen darf, hoch »philosophisch« – in der zugegebenermaßen bedauerlichen Bedeutung des Wortes, die, wie L.-M. Vacher in einem 1984 erschienenen Essay ausführt, den Gedanken nahelegt, die Hauptfunktion der Philosophie bestehe darin, »Dummheiten glaubwürdig und Evidenzen unglaubwürdig erscheinen zu lassen«.[6] Es ist tatsächlich nicht abzuleugnen, daß die Philosophie trotz ihres Vorsatzes, das Existierende zu verstehen und zu interpretieren, häufig nur für das Nicht-Existierende ein offenes Auge hat. Im

übrigen ist nichts frappierender als die verbreitete und tief verwurzelte Neigung der Philosophie, vornehmlich das abzuwehren, was offensichtlich wahr ist, und instinktiv das zu entwerten, was unbestritten Vergnügen macht (da letzteres eine notwendige Folge des ersteren ist, erstreckt sich der Argwohn gegenüber dem Realen notwendigerweise auch auf das, was es an Erfreulichem zu bieten hat). Für die ständige Neigung der Philosophie, Werte und Wahrheiten in ihr Gegenteil zu verkehren, hat Spinoza die schöne Formel gefunden: »Der Aberglaube (...) scheint das für gut zu erklären, was Unlust, für schlecht, was Lust verschafft.«[7]

Die von der Mehrzahl der Philosophen angeführten Gründe für ihre Einwände gegen das Reale, für ihre Zweifel an seiner simplen und allumfassenden Wirklichkeit, haben mich noch nie so recht überzeugt und waren mir immer suspekt. Nicht daß sie unerheblich wären: Es ist nicht zu bestreiten, daß die Wirklichkeit, die sich nicht selbst erklären kann, in gewisser Weise und für immer inintelligibel bleiben wird – aber inintelligibel heißt eben nicht irreal, sowenig wie eine sich rätselhaft verhaltende Frau eine nichtexistierende Frau ist, was jeden Tag das banalste Liebeserlebnis lehrt. Die einzige, aber große Schwäche der die volle Wirklichkeit des Realen in Zweifel ziehenden philosophischen Argumente ist, daß sie die wahre Schwierigkeit verschleiern, die darin besteht, das Reale und nur das Reale in Betracht zu ziehen: eine

Schwierigkeit, die erst in zweiter Linie damit zu tun hat, daß sich die Wirklichkeit dem Begreifen entzieht – in erster Linie geht es immer darum, daß die Wirklichkeit Schmerzen zufügt. Anders gesagt, ich kann mich des Eindrucks nicht erwehren, daß der philosophische Streit um das Reale seinen Ursprung nicht in der Unerklärlichkeit der für sich genommenen Wirklichkeit hat, sondern in der Tatsache, daß sie *grausam* ist und daß infolgedessen die Idee einer hinreichenden Wirklichkeit, die dem Menschen jede Möglichkeit zur Distanzierung oder Zuflucht nimmt, ihn der ständigen Gefahr aussetzt, von Angst, unerträglicher Angst, heimgesucht zu werden. Manchmal braucht man sich eine schlimme Situation nur vorzustellen – beispielsweise, daß man jemanden verlieren könnte –, und die Wirklichkeit wird geradezu unerträglich. Irgendwelche konkreten Umstände, die Anlaß zum Schmerz geben könnten, müssen gar nicht ins Spiel kommen, womöglich hat man sich zu einem bestimmten Zeitpunkt einfach nur entschlossen, einen klaren Blick auf die Wirklichkeit im allgemeinen zu werfen. »Melancholische Hypochondrie«, notiert Gérard de Nerval in seinem Tagebuch, »ist ein schreckliches Übel: Sie macht, daß man die Dinge sieht, wie sie sind.«

Unter »Grausamkeit« des Realen verstehe ich selbstverständlich zunächst die zuinnerst schmerzvolle und tragische Natur der Wirklichkeit. Was das meint, muß ich hier nicht weiter ausführen, zumal ich dies bereits an anderer Stelle getan habe. Alles, was es gibt, ist eitel und vergänglich. Die Grausamkeit des Realen liegt darüber hinaus in ihrer Einzigartigkeit, damit in ihrer Unabänderlichkeit und Unwiderruflichkeit. Eben dies macht es unmöglich, sie von sich fernzuhalten und ihre Härte durch die Einbeziehung irgendeiner ihr äußerlichen Instanz abzuschwächen. *Cruor*, wovon sich *crudelis* (grausam) sowie *crudus* (roh, nicht verdaut, unverdaulich) ableitet, bezeichnet das gehäutete und blutende Fleisch: das heißt die Sache selbst, frei von allen Hüllen und sonstigen Beiläufigkeiten, in diesem Fall der Haut, und somit reduziert auf ihre einzigartige, ebenso blutige wie unverdauliche Wirklichkeit. Die Wirklichkeit ist grausam – und unverdaulich –, sowie man alles von ihr abstreift, was nicht zu ihr gehört, und sie nur als solche betrachtet: Wie einem zum Tod Verurteilten, der vor der Hinrichtung steht und dem keine Zeit mehr für ein Begnadigungsersuchen bleibt, läßt auch die Wirklichkeit, die sich über alles hinwegsetzt, keinerlei Einspruchsmöglichkeit zu. Und wie in der Todesstrafe eine doppelte Grausamkeit liegt, die Gnadenlosigkeit des Urteils und die Gnadenlosigkeit der Vollstreckung, wären auch der Grausamkeit des Realen zwei Seiten zuzusprechen, einerseits grausam, andererseits real zu sein – freilich mit dem bemerkenswerten Unterschied, daß hier auf das Urteil immer die Vollstreckung folgt beziehungsweise Urteil und Vollstreckung voneinander unablösbar sind. Die »Urteile« des

Realen sind, wenn man will, von vornherein auf der Ebene der Vollstreckung angesiedelt. Immerhin läßt sich hier noch eine geistige Unterscheidung treffen, wenngleich sie faktisch unmöglich ist. Damit will ich sagen, daß man im allgemeinen und in einem gewissen Ausmaß auch begründet annehmen kann, daß die Wirklichkeit von Natur aus grausam, aufgrund einer letzten Zuspitzung von Grausamkeit aber auch tatsächlich real ist. Das ist in etwa das, was Proust zu Beginn von *Die Entflohene* zum Ausdruck bringt: Es ist schon traurig genug, daß mich Albertine mit Sack und Pack verlassen hat, schlimmer noch aber ist der Gedanke, daß das alles *wahr* ist (Proust kommentiert diese Unterscheidung, indem er schreibt: »Wieviel weiter führt das Leiden in die Psychologie hinein als bloße Psychologie!«[8] Meines Erachtens hätte er genauer sagen können, daß das Leiden in Wirklichkeit weiter führt als alle nur erdenklichen Vorstellungen oder Antizipationen davon). Ich kenne jemanden, der unter Depressionen leidet und darüber gerne auf ähnlich aufschlußreiche, absurd tautologisch klingende Art Klage zu führen pflegt: Er beklagt nämlich nicht nur, daß die Existenz in seinen Schwermutsanfällen, sondern auch und vor allem, daß er sie mit *Recht* für schrecklich halte. Nicht nur ist die Wahrheit fürchterlich, erklärt er im wesentlichen in seinen Anfällen von Niedergeschlagenheit, sondern darüber hinaus trifft sie auch noch zu – sie ist *tatsächlich* furchtbar. Daß die Wirklichkeit traurig ist, damit käme er zur Not noch hin; was das Maß des Erträglichen für ihn aber wirklich überschreitet und zusätzlich quält, sei die Vorstellung, eine traurige Wahrheit sei zugleich und zu allem Unglück eine *wahre Wahrheit* – oder, was auf das gleiche hinausläuft. Eine qualvolle Wirklichkeit sei, als Gipfel der Grausamkeit, auch eine wirkliche Wirklichkeit. Mit anderen Worten – und genau darauf wollte ich hinaus, als ich von der doppelten Grausamkeit des Realen gesprochen habe –, es scheint, das grausamste Moment der Wirklichkeit ist nicht, daß sie an sich grausam ist, sondern daß sie das auf unabwendbare Weise ist, das heißt, daß sie unbestreitbar real ist.

Nebenbei bemerkt sind die verdoppelnden Pseudounterscheidungen zwischen »Wahrheit« und »wahrer Wahrheit« oder zwischen »Wirklichkeit« und »wirklicher Wirklichkeit« wie viele Tautologien ganz aufschlußreich und interessant. Sie veranschaulichen ganz allgemein die menschliche Fähigkeit, sich Illusionen zu machen – was jedesmal darauf hinausläuft, aus eins zwei zu machen, etwas Einfaches und Einzigartiges mit einem unbegrenzten Redundanzeffekt zu versehen. So müßte mein depressiver Bekannter, der versichert, in allem schwarz zu sehen, doch hinzufügt, daß er ja recht habe, in allem schwarz zu sehen, auch noch hinzufügen, daß er denkt, zu Recht recht zu haben, sodann daß er zu Recht denke, zu Recht recht zu haben usw. Jeder, der sich Illusionen macht, verfährt so: Immer wird einer begrenzt geltenden Wahrheit eine allgemeinere zu ihrer Bekräftigung hinterhergeschickt, zur Unterstützung der zweiten eine dritte, der dritten dann eine vierte – ad infinitum. Vielleicht macht das überhaupt niemand anders, der über seine Wünsche oder Abneigungen Rechenschaft ablegen will: Im allgemeinen wird jede Äußerung von Liebe oder Abneigung mit einem überflüssigen Kommentar versehen, der etwas erklären soll, wovon er doch nur eine tautologische Verdoppelung ist – wie der Melonenliebhaber seine Vorliebe mit einer Aufzählung ihrer Vorzüge zu untermauern sucht, der Melonenverächter hingegen die Liste der Punkte verlängern will, die für ihre Ungenießbarkeit sprechen. Ich mag Melonen, erklärt der Melonenliebhaber, und das ist ein Glück: Sonst würde ich ja keine essen, und das wäre doch schade! Ich mag keine Melonen, erklärt der andere – und das ist ein Glück: Sonst würde ich ja welche essen, wie schrecklich! Wie bei jedem Selbstbetrug besteht auch hier die Täuschung in der Annahme, eine Wirklichkeit genüge sich nicht selbst und könne nur durch die Negation ihres Gegenteils Bestand haben, beziehungsweise eine Tatsache existiere nur durch ihre eigene Wiederholung (die meistens ebenfalls einer Negation ihres Gegenteils gleichkommt), während das Eigentümliche des Realen gerade darin liegt, daß es sich jedem Widerspruch und jeder Möglichkeit einer Wiederholung entzieht.

Um auf mein Thema zurückzukommen: Meiner Auffassung nach übersteigt die Wirklichkeit, sowie sie für sich allein als hinreichend genommen wird, die menschlichen Verständnismöglichkeiten und erst recht – was viel schlimmer ist – die menschliche Empfindungsfähigkeit. Wenn sich die intellektuellen und seelischen Aufnahmefähigkeiten beide als begrenzt und letztlich überfordert erweisen, so wiegt die seelische Unzulänglichkeit unendlich schwerer. Daß die Wirklichkeit unverständlich bleibt, ist nur eine zuweilen lästige Bürde für den Geist, beeinträchtigt aber nicht die allgemeine Lebensführung. Jeder hantiert ohne allzu große Mühe mit den Begriffen Zeit, Raum und Bewegung, die ganz direkt auf das Reale zielen, die aber noch nie jemand so ganz verstanden hat oder richtig definieren konnte. Gegenüber einer Wirklichkeit, die verstärkt als schmerzvoll empfunden wird, kann man eigentlich nur *Ablehnung* mobilisieren, eine unbegreifliche Wirklichkeit hingegen macht uns allenfalls für bestimmte Zeit perplex oder ratlos. Anders gesagt, auch wenn ich mich wiederhole: Abgesehen davon, daß sie das menschliche Erkenntnisvermögen überfordert, ist der Haupttribut, den uns die Wirklichkeit auferlegt, der, daß sie die menschliche Toleranzfähigkeit »übersteigt« (und dies in allen nur denkbaren Wortbedeutungen), das, was der Mensch ertragen kann. Wenn die Intelligenz angesichts der Wirklichkeit nicht mehr weiter weiß, so behilft sie sich meistens mit einem unbestimmten Kompromiß mit dem Realen, mit einem In-sich-Gehen und einem Vertagen der Probleme bis zu ihrer umfassenden

Klärung, auch wenn diese Klärung immer wieder auf später verschoben werden muß. Die Affektivität dagegen – in derselben Falle des Realen gefangen – begehrt auf und bricht zusammen: wie ein elektrischer Widerstand, der bei einem zu starken Stromstoß durchbrennt. Nichts anderes widerfährt Swann in *Eine Liebe von Swann*, wenn er die Möglichkeit ins Auge fassen muß, daß die Frau, die er liebt, eine Kokotte ist; diese Vermutung wird, da sie den Fehler hat, genau zuzutreffen, sofort verdrängt – begünstigt durch etwas, was Proust treffend als einen plötzlichen und unerwarteten »Stromausfall« beschreibt: »Er hing dem Gedanken nicht weiter nach, denn eine gewisse, angeborene, immer wiederkehrende und der Vorsehung in die Hände arbeitende Trägheit des Geistes trat in diesem Augenblick bei ihm in Aktion und löschte seinen ganzen Scharfsinn mit solcher Plötzlichkeit aus, wie man später, als es überall elektrische Beleuchtung gab, ein ganzes Haus im Nu in Dunkel versetzen konnte.«[9] Im Falle eines schweren Konflikts mit dem Realen sieht sich der Mensch, der instinktiv spürt, daß die Anerkennung des Realen seine Kräfte übersteigt, ja sogar seine Existenz gefährdet, zur Entscheidung gedrängt, entweder die Partei des Realen zu ergreifen oder seine eigene – hier gibt es keine Ausflüchte mehr: »Ich oder es.« Gewöhnlich wird er sich selbst den Vorzug geben und das Reale verwerfen. Er kann aber auch dem Realen den Vorzug geben: Das ist Selbstmord – psychischer oder kompletter Selbstmord.

Die Akzeptanz des Realen setzt somit entweder die reine Gedankenlosigkeit voraus – wie bei jenem Schwein aus der Anekdote Epikurs, das sich als einziges Wesen an Bord wohlfühlt, während ein heftiger Sturm Mannschaft und Passagiere in Angst und Schrecken versetzt – oder aber ein Bewußtsein, das imstande wäre, das Schlimmste zu erkennen, von der Erkenntnis des Schlimmsten aber nicht tödlich getroffen würde. Es ist nicht zu übersehen, daß diese Fähigkeit, das heißt zu wissen, ohne dabei tödlichen Schaden zu nehmen, absolut *außerhalb* der Reichweite der menschlichen Fähigkeiten liegt – es sei denn, es kommt etwas hinzu, was Pascal Gnade genannt hat und was für meine Begriffe Lust oder Freude zu nennen wäre. Die Erkenntnis ist für den Menschen tatsächlich schicksalhaft und eine Art Fluch, was bereits im Schöpfungsbericht anerkannt wurde (»Du sollst nicht vom Baum der Erkenntnis essen«). Da sie unvermeidlich ist (es ist unmöglich, völlig zu ignorieren, was man weiß) und zugleich unannehmbar (es ist ebenfalls unmöglich, sie ganz und gar zu akzeptieren), verurteilt sie den Menschen, das heißt das Wesen, das sich die Erkenntnis einer Wahrheit zugetraut hat, die es nicht aushält (ähnlich einem schlecht beratenen General, der zum Angriff bläst, ohne sich über den Zustand der gegnerischen Kräfte und seine Rückzugsmöglichkeiten vergewissert zu haben), zu einem widersprüchlichen und tragischen Schicksal – tragisch in dem Sinn, wie es beispielsweise von Vladimir Jankélévitch verstanden wird (»Verbindung des Notwendigen und des Unmöglichen«). Genau hierin scheint mir die größte Härte dessen zu liegen, was man die *conditio humana* nennt: mit einem Wissen ausgestattet zu sein – im Unterschied zu den Tieren und leblosen Gegenständen –, aber nicht über die seelischen Ressourcen zu verfügen, die notwendig wären, um dem eigenen Wissen standzuhalten; mit einem Mehr an Wissen versehen zu sein beziehungsweise mit einem »Auge zuviel«, wie André Green sagen würde, was gleichermaßen das Privileg und den Ruin des Menschen ausmacht – kurzum zu wissen, aber nichts damit anfangen zu können.

So ist der Mensch das einzige bekannte Geschöpf, das vom eigenen Tod ein Bewußtsein hat (wie vom Tod, der jedem Ding verheißen ist), er ist aber auch das einzige Geschöpf, das die Idee des Todes unwiderruflich verwirft. Er weiß, daß er lebt, aber nicht, wie er es anstellt, um zu leben; er weiß, daß er sterben muß, aber nicht, wie er es anstellen wird, um zu sterben. Mit anderen Worten: Der Mensch ist ein Wesen, das zu einem Wissen fähig ist, zu dem es in anderer Hinsicht unfähig ist, das im Prinzip zu einem Können fähig ist, zu dem es in Wirklichkeit unfähig ist, das fähig ist, Dinge ins Auge zu fassen, die es unfähig ist, auszuhalten. Gleichermaßen unfähig, zu wissen und nicht zu wissen, ist der Mensch in einer Widersprüchlichkeit gefangen, die jede plausible Definition unmöglich macht, wie Pascal in den *Pensées* wiederholt zum Ausdruck bringt. Soweit es sich nicht, wie Epikur nahelegt, einfach um einen in den Dingen liegenden Zufall handelt, möchte man meinen, einem göttlichen Universalprogrammierer sei hier der Programmfehler unterlaufen, einem Terminal eine Geheiminformation zuspielen, das außerstande ist, sie zu empfangen, zu verstehen und zu verarbeiten – als würde dem Menschen eine Wahrheit offenbart, die er nicht akzeptieren, unglücklicherweise aber vernehmen kann. Das Lehrgedicht des Lukrez, das die Angst des Menschen durch die Offenlegung der Wahrheit auflösen möchte, kann nur zur Folge haben, die Angst noch zu steigern. Die Mitteilung der Wahrheit gilt nichts für den, der unter eben dieser Wahrheit leidet; sowenig wie die erzwungene Wahrnehmung der Wahrheit, zu der Lukrez einlädt, für den etwas bringt, der nichts so sehr fürchtet wie gerade die als solche, in ihrem nackten und grausamen Zustand erfaßte Wirklichkeit. Die Medizin ist hier schlimmer als die Krankheit: Die Kräfte eines Kranken sind mit ihr überfordert, vertragen kann sie nur ein Leichnam, der der Konfrontation mit einem übermächtigen Realen bereits erlegen ist, oder, so sich denn einer findet, der Gesunde, den sie sicherlich stärkt, der sie eigentlich aber gar nicht brauchte.

Leopardi gibt in einer Passage seines *Zibaldone* eine ausgezeichnete Analyse dieses Mißverhältnisses und dieses notwendigen Widerspruchs, der das gelebte Leben von der Erkenntnis des Lebens trennt: »Das schreckliche Geheimnis der Dinge und der Existenz der Welt ist nicht besser darzustellen (...) als dadurch, daß man nicht nur Umfang, Reichweite und Kraft, sondern selbst die grundlegenden Prinzipien unserer Vernunft für unzureichend, ja sogar für falsch erklärt. Jenes Prinzip beispielsweise, ohne welches jede Aussage, jede vernünftige Rede, jede Argumentation, ja selbst die Fähigkeit zu wahrheitsgemäßen Aussagen etc., zusammenbricht, jenes Prinzip, sage ich, demzufolge *eine Sache nicht zugleich sein und nicht sein kann,* scheint absolut falsch, sobald man die in der Natur mit Händen zu greifenden Widersprüche betrachtet. Tatsächlich zu sein, aber in keiner Weise glücklich sein zu können, und dies aufgrund einer angeborenen, von der Existenz nicht zu trennenden Ohnmacht – oder vielmehr: zu sein und auf keine Weise glücklich werden zu können, sind im Hinblick auf den Menschen und auf jeden Lebenden zwei Wahrheiten, die so fest und gewiß sind, wie es nach unseren Prinzipien und nach unserer Erfahrung eine Wahrheit nur sein kann. Nun ist aber das mit dem Unglück verbundene, und zwar notwendig und wesensmäßig verbundene Sein eine sich selbst, ihrer Vervollkommnung und ihrem eigenen Ziel, welches das Glück ist, widersprechende Sache, etwas, das sich selbst vernichtet, das sein eigener Feind ist. Somit ist das Sein der Lebenden seinem Wesen nach ein natürlicher und notwendiger Widerspruch mit sich selbst.«[10] Den gleichen

Gedanken faßt Cioran in einem Aphorismus aus *Dasein als Versuchung* so zusammen: »Existieren kommt einem Protest gegen die Wahrheit gleich.«
So kann man gewöhnlich nur unter der Bedingung leben, daß man die Wahrheit von sich fernhält oder sie ständig in ihr Gegenteil verkehrt: eine ermüdende Aufgabe, die unter anderem im klassischen Mythos des Sisyphos beschrieben worden ist. Nichts anderes verfolgen aber auch die meisten philosophischen Ansätze, deren wichtigstes Ziel es nicht ist, dem Menschen die Wahrheit offenzulegen, sondern sie ihn vergessen zu machen: Sie »vertreiben« deren Grausamkeit, wie ein Medikament vorübergehend einen Schmerz vertreibt, sie erleichtern Beschwerden durch die ganze Palette von mehr oder minder improvisierten Heilmitteln, die die Philosophen mehr oder minder talentiert zusammengebraut haben, die aber immer auf einen halluzinatorischen Exorzismus des Realen hinauslaufen – frei nach dem oben bereits zitierten Rezept von Eric Weil: »Was unmittelbar gegeben ist, ist nicht wirklich.« Philosophen – natürlich nicht ausnahmslos alle, aber die meisten – sind mit einem Arzt am Bett eines unheilbar Kranken zu vergleichen: Bemüht, um jeden Preis das Leiden zu lindern (zu dem sie im übrigen selbst beitragen), ist ihnen jedes Mittel recht; was immer es auch anrichtet, es muß nur sofort und ein bißchen helfen. Seine Hauptsorge gilt daher dem Versuch, um jeden Preis den Nachweis zu liefern, daß das

Reale nicht real ist, da man ja gerade unter dem Realen leide und es im Grunde die Ursache des ganzen Übels sei. Nicht anders behilft sich Proust, als er erfährt, daß Albertine abgereist ist, und er Zuflucht nimmt zu der ebenso instinktiven wie widersinnigen Idee, sie sei überhaupt nicht abgereist: »Aber die Worte ›Albertine ist fort‹ senkten ein Leid in mein Herz, dem ich, wie ich deutlich spürte, nicht lange würde standhalten können; ich mußte ihm unverzüglich ein Ende zu bereiten versuchen; weich gegen mich selbst, wie es Mama meiner sterbenden Großmutter gegenüber gewesen war, sagte ich mir mit dem gleichen guten Willen, einem Wesen, das man liebt, Leiden zu ersparen: ›Habe noch eine Sekunde Geduld, wir holen dir ein Mittel, sei ganz ruhig, wir lassen nicht zu, daß du noch länger solche Schmerzen aushalten mußt.‹ Und da ich dumpf erriet, daß mir Albertines Aufbruch – eben noch, als ich läutete – nur deswegen gleichgültig, ja sogar erwünscht hatte scheinen können, weil ich ihn für unmöglich hielt, suchte mein Selbsterhaltungstrieb in eben diesem Gedankengang die ersten Linderungsmittel für meine offenen Wunden: ›Alles das hat gar keine Bedeutung, da ich sie gleich veranlassen werde, wieder zurückzukehren. Ich werde mir überlegen, womit ich es erreiche, aber auf jeden Fall ist sie heute abend wieder hier. Infolgedessen hat es keinen Zweck, sich erst Gedanken zu machen‹.«[11] Ich darf darauf hinweisen, daß hier die Formulierung »Albertine ist fort« durch die

Formulierung »Das Reale ist das Reale« ersetzt werden kann, ohne daß ein einziges weiteres Wort in diesem Abschnitt aus *Die Entflohene* geändert werden müßte. So beharrt die Philosophie im allgemeinen darauf, die Idee, daß »das ist«, durch die Idee zu ersetzen, daß es unmöglich und unannehmbar ist, daß »das sei«: Sie setzt der souveränen und zwingenden Herrschaft des Seins die phantasmatische und moralische Herrschaft des »Sollens« entgegen.

Da nun einmal die Rede auf den allgemeinmenschlichen (und philosophischen) Hang zum Moralisieren gekommen ist, will ich nochmals etwas aufgreifen, was ich schon als junger Mensch (*La philosophie tragique*, Paris 1960) geschrieben habe: Womit die Moral aneinandergerät, das ist nicht etwa die Unmoral, die Ungerechtigkeit oder der Skandal, sie gerät mit dem *Realen* aneinander, der einzigen und wirklichen Quelle jeglichen Skandals. Der Fall Platons und Rousseaus, um mich an die zwei Hauptspezialisten für Moral zu halten, kann das sehr schön erhellen. Platons Trick besteht in der Tat darin, ständig als verächtlich und dem Menschen unwürdig hinzustellen, was im Gegenteil seine oberste und schwierigste Aufgabe ist: sich mit dem Realen abzufinden, seine Befriedigung und seine Bestimmung in der sinnlich wahrnehmbaren und vergänglichen Welt zu suchen. Desgleichen besteht der Wahn Rousseaus im wesentlichen darin, jegliche Wirklichkeit, sowie sie tragisch ist, als unmoralisch abzutun. Auf diesen absurden Gedanken, der ihn ständig quält, hat er sich zwar niemals öffentlich berufen, nur in einer erstaunlichen Passage seines *Briefs an d'Alembert über das Schauspiel* hat er sich einmal zu dem unverhohlenen Bekenntnis hinreißen lassen: »Was lernt man aus *Phèdre* und aus *Oedipe* anderes, als daß der Mensch unfrei ist und daß der Himmel ihn für Verbrechen bestraft, die er ihn begehen läßt? Was lernt man aus *Médée* anderes, als wie weit Wut und Eifersucht eine grausame und entmenschte Mutter zu treiben vermögen? Verfolgt die Mehrzahl der Stücke des Théâtre Français, Ihr werdet fast in allen abscheuliche Ungeheuer und gräßliche Begebenheiten finden, die geeignet sein mögen, den Stücken Anteilnahme und den Tugenden ein Übungsfeld zu erschließen, die aber sicherlich insofern gefährlich sind, *als sie die Augen des Volkes an Abscheulichkeiten gewöhnen, die es nicht kennen, und an Schandtaten, die es nicht einmal für möglich halten sollte.*«[12] Mit anderen Worten: Sobald die Wahrheit unerfreulich ist, ist es unmoralisch und schockierend, sie jemandem zu unterbreiten. Oder aber: Die Wahrheit ist nur bis zu einem gewissen Grad von Grausamkeit annehmbar, jenseits dessen sie einem Verbot unterliegt. Das letzte Wort der Philosophie Platons und Rousseaus scheint sich mir daher in dem ebenso einfachen wie abstrusen Urteil zusammenfassen zu lassen, daß eine Wahrheit, die grausam ist, falsch sein und deshalb von den Gelehrten widerlegt und vor dem Volk verborgen werden muß. Auch Kant ist nicht frei davon, zuweilen Rechnungen in dieser Währung zu stellen: Beispielsweise untermauert er – zumindest meint er dies zu tun – die Gültigkeit der ihm wichtigen Thesen (die Unsterblichkeit der Seele oder die Vernünftigkeit beziehungsweise Zweckmäßigkeit der Natur) mit Vorliebe allein durch den Nachweis der Widersprüchlichkeit der entgegengesetzten Hypothesen. Man betrachte beispielsweise den seltsamen Beweis des ersten Satzes der *Idee zu einer allgemeinen Geschichte in weltbürgerlicher Absicht*. Satz: »Alle Naturanlagen eines Geschöpfes sind bestimmt, sich einmal vollständig und zweckmäßig auszuwickeln.« Beweis: »Denn, wenn wir von jenem Grundsatze abgehen, so haben wir nicht mehr eine gesetzmäßige, sondern eine zwecklos spielende Natur; und das trostlose Ungefähr tritt an die Stelle des Leitfadens der Vernunft.«[13] Wahre und falsche Ideen lassen sich im Grunde für Kant leicht auseinanderhalten: Erstere erkennt man an ihrer Zuträglichkeit, letztere an ihrer »Trostlosigkeit«.

So kann man das aber nicht stehen lassen. Wenn die Wirklichkeit tatsächlich grausam sein kann, ist sie deshalb doch kein Gran weniger wirklich. *Dura lex sed lex: realitas crudelis sed realitas*. Die Härte einer Sache steht ihrem Sein nicht im Weg, denn denen, die sie quält und womöglich sogar vernichtet, steht sie von Grund auf gleichgültig gegenüber. Die Erfahrung der Wirklichkeit ist daher jener mit Heiterkeit durchsetzten Grausamkeit nicht unähnlich, von der Nietzsche in *Der Fall Wagner* im Hinblick auf Bizets *Carmen* spricht: »Diese Musik ist heiter; aber nicht von einer französischen oder deutschen Heiterkeit. Ihre Heiterkeit ist afrikanisch; sie hat das Verhängnis über sich, ihr Glück ist kurz, plötzlich, ohne Pardon.«[14] Diese Beobachtung Nietzsches gilt für jede Wirklichkeit, ob sie heiter oder traurig erlebt wird, tut nichts zur Sache; daß etwas »ohne Pardon« sei, wie sich Nietzsche auf die Musik Bizets in *Carmen* gemünzt ausdrückte, sagt man gewöhnlich von einem Unheil, das über uns hereinbricht, oder einer harten Entscheidung. Glück und Trauer teilen sich den gemeinsamen Nenner jeder Erfahrung der Wirklichkeit, nämlich unmittelbar und nur unmittelbar zu sein. Das Verhängnis, das über ihr schwebt, wie Nietzsche sagt, bedeutet nicht, daß sie die Folge eines im voraus festgelegten Schicksals wäre, sondern daß ihre Unmittelbarkeit sie unabwendbar und mehr als ungewiß macht: unabwendbar, was ihre kurzfristige Präsenz angeht, mehr als ungewiß, was ihre Dauer und Beständigkeit angeht. Daß etwas unabwendbar ist – muß daran erinnert werden? –, heißt nicht, daß es immer und ewig Bestand hat, sondern daß man sich ihm in einem gegebenen Augenblick unmöglich entziehen kann.

Moralisches Denken und tragisches Denken teilen sich den Allerweltsverstand der Menschen, wobei von der einen Seite eine überaus beruhigende, aber zugleich völlig illusorische Idee (Prinzip der nicht hinreichenden Wirklichkeit), von der anderen Seite eine überaus grausame, aber zugleich sehr wahre Idee (Prinzip der hinreichenden Wirklichkeit) suggeriert wird. Daher lassen sich auch zwei große Kategorien von Philosophien und Philosophen unterscheiden, je nachdem, ob sie ein besseres Leben anmahnen oder im Gegenteil sich mit dem Schlimmsten abfinden. Das ist es in etwa, was uns Samuel Butler nahezubringen versucht, wenn er an einer Stelle von *Der Weg allen Fleisches* schreibt: »Nur sehr wenige (bemühen) sich um die Wahrheit (...) oder (vertrauen) darauf (...), daß es richtiger und besser ist, etwas Wahres zu glauben als etwas Unwahres, selbst wenn der Glaube an das Unwahre auf den ersten Blick höchst nützlich zu sein scheint. Und doch kann man nur von diesen wenigen sagen, daß sie überhaupt an etwas glauben; die übrigen sind einfach verkappte Ungläubige.«[15] Ich würde meinerseits vorschlagen, zwischen zweierlei Philosophen zu unterscheiden: zwischen der Spezies der Heiler-Philosophen und der der Mediziner-Philosophen. Erstere sind voller Mitleid und ineffektiv, letztere sind effektiv und ohne Erbarmen. Erstere haben der Angst zwar nichts Stichhaltiges entgegenzusetzen, verfügen aber über eine Reihe falscher Beruhigungsmittel, mit denen die Angst mehr oder weniger lange eingeschläfert werden kann. Die Menschen werden damit zwar nicht geheilt, können aber, wie ich es nennen würde, dahinvegetieren. Letztere verfügen über echte Heilmittel und den einzigen Impfstoff (das heißt die Verabreichung der Wahrheit), doch dieser ist so stark, daß, obwohl er gelegentlich gesunden Naturen aufhilft, seine zweite und überwiegende Wirkung die ist, schwachen Naturen den letzten Rest zu geben. In der Medizin und in der Philosophie gibt es den paradoxen, äußerst bemerkenswerten, aber meines Erachtens viel zu wenig beachteten Sachverhalt, daß sie nur Nichtkranken oder denen von Nutzen sind, die noch über einen Rest Gesundheit verfügen. So wie eine glaubwürdige Philosophie nur von denen verstanden wird, die sie in etwa schon im voraus kannten und die somit nicht wirklich auf sie angewiesen waren, so wird auch die Medizin immer nur Gesunde heilen können.

Die anziehungskraft der Leere

»Kaum haben wir ein Laster abgelegt«, schreibt Cioran in *Der zersplitterte Fluch,* »wird es schleunigst vom nächsten ersetzt. Unser inneres Gleichgewicht verlangt diesen Preis.«[16] Von jeder Dummheit, von jeder Wahnidee, von jeder Leidenschaft, füge ich hinzu, gilt dasselbe: Keine verschwindet, ohne einer anderen den Weg zu bereiten, die umgehend die frei werdende Stelle für sich beansprucht. Sowie ein Wahn verfliegt, steht ein anderer, unausgelebter und daher stärkerer bereit, der ihn ersetzt und buchstäblich an seine Stelle tritt«. Wer von einer Manie geheilt ist, legt sich noch am selben Tag eine andere zu, die die erste ablöst. Wer plötzlich die Dummheit einer These begreift, die er bis dahin blindlings verteidigt hat, macht sich auf der Stelle einen neuen Unsinn zu eigen, in den er sich noch stärker verbeißen wird. Von daher gibt es in der Tat eine Art Gleichgewicht: Man

geht aus einem solchen Wandel nicht mehr und nicht weniger dumm, nicht mehr und nicht weniger verrückt, nicht mehr und nicht weniger leidenschaftlich hervor; man bleibt sich ganz einfach gleich, so wie immer, nicht mehr und nicht weniger (»keine Besserung, keine Verschlechterung«, wie die Protagonistin in Samuel Becketts *Glückliche Tage* zu sagen pflegt).
Es ist eine absonderliche Fähigkeit, eine Dummheit umgehend durch eine andere zu ersetzen, als ob die Beibehaltung eines mittleren Dummheits- oder Wahnsinnskoeffizienten für das Seelenleben so wichtig wäre wie für den Organismus eine bestimmte Höhe des Blutkörperchenspiegels. Nicht minder rätselhaft ist, wie sich eine Manie, hat sie sich erst einmal aufgemacht, blitzartig ausbreiten und auf einem völlig anderen, weit entfernten Terrain wieder einnisten kann. Das Phänomen einer derartigen Verschleppungsstreuung hat frappierende Ähnlichkeit mit dem Krankheitsbild einer *Metastase,* das im Larousse folgendermaßen definiert wird: »Rückgang eines pathologischen Phänomens, bei gleichzeitigem Auftreten eines anderen Krankheitsphänomens an einer anderen Stelle des Organismus; beide Phänomene stehen in enger Verbindung mit derselben Krankheit«. Eine bessere Definition, was dort geschieht, wo der Wahnsinn oder die Dummheit das Zepter führen, läßt sich kaum finden. Angesichts der kruden Folge von Abstrusitäten, an die ihre Adepten in ihrem blinden Eifer jeweils ihr Herz

hängen, verliert man die Fassung und wird ratlos. Im Zeitraum weniger Monate stürzen sie sich so entschieden wie borniert mal auf makrobiotische Ernährung oder kopfüber in eine romantische und hoffnungslose Liebe, mal engagieren sie sich für die Existenz von fliegenden Untertassen und die chinesische Kulturrevolution oder interessieren sich leidenschaftlich für »den Mann mit der eisernen Maske«: wie Puzzleteile, die nicht zusammenpassen, weil sie aus verschiedenen Spielen stammen; oder wie in einem Krimi, in dem die Indizien in die verschiedensten Richtungen weisen, nur daß selbst ein Sherlock Holmes oder Hercule Poirot sich vergeblich das Hirn beim Versuch zermartern würde, in diesem heillosen Durcheinander einen roten Faden zu entdecken.

Dahinterzukommen, ob diese unsteten Obsessionen etwas gemeinsam haben, wird einem kaum gelingen, jedenfalls solange man sich darauf beschränkt, nur ihren Inhalt und ihr jeweiliges Thema zu untersuchen. Mehr Glück dürfte man erst haben, wenn man nicht mehr danach sucht, was eine Obsession will, sondern danach, was sie nicht will und was sie ausschließt. Man stellt dann fest, daß es zwar nichts gibt, worin sich solche ausschließlichen Leidenschaften einig wären, daß es aber durchaus etwas gibt, *wogegen* sie alle einig sind – und das ist der Bezug auf das Reale, auf die Wirklichkeit, wie sie ist. Der gemeinsame Nenner der Gegenstände dieser höchst unterschiedlichen Leidenschaften ist in der Tat der, *irreal* zu sein. Makrobiotik, romantische Liebe, Ufos, die chinesische Kulturrevolution und der »Mann mit der eisernen Maske« verbindet nichts, es sei denn die Tatsache, daß sie *nichts* sind und daß sich das Begehren, das sie sich zum Gegenstand erkoren hat, als gegenstandsloses Begehren erweist. Die Attraktivität der makrobiotischen Ernährung liegt nicht darin, daß sie nach nichts schmeckt, sondern in der Attraktivität der wohlschmeckenden und gehaltvollen Nahrungsmittel, deren Ausschluß sie impliziert. Auch die romantische Liebe siedelt ihren Gegenstand nicht in einem Feld an, das einer möglichen Erfahrung und einem möglichen Genuß offenstünde, sondern in Gefilden, die wohlweislich unerreichbar sind; die Psychiater nennen ein solches Verhalten »hysterisch«, eigenartigerweise gerät die romantische Liebe damit in die Nähe des Kantischen Glaubens an die Ideen der reinen Vernunft, die von Kant gerade deswegen für unanfechtbar erklärt worden sind, weil sie außerhalb jeder möglichen Erfahrung liegen. Nicht weniger irreal sind Ufos, und zwar in doppelter Hinsicht: einerseits, weil es sie nicht gibt, andererseits, weil sie, wenn es sie denn gäbe, am Leben dessen, der von ihrer Existenz so felsenfest überzeugt ist, rein gar nichts ändern würden. Das Interesse an der chinesischen Kulturrevolution und die Traumbilder, die seinerzeit in Europa von ihr kursierten, sind von ähnlicher Irrealität: zunächst weil sie kaum etwas mit dem zeitgenössischen China zu tun hatten, sodann weil sie in keiner Weise die Lebensverhältnisse derer berührten, die sich außerhalb Chinas in diese Revolution für involviert erklärt haben. Was den »Mann mit der eisernen Maske«[17] angeht, ist klar, daß seine historische Existenz mehr als dubios ist; außerdem ist seine Identität, wenn er denn existiert haben sollte, wohl nie mehr zu klären; und drittens wäre, wenn er denn existiert hätte und seine Identität zu klären wäre, völlig unerheblich, was und wer er gewesen ist. Im Grunde gilt für Obsessionen dieser Art, was Gorgias in seiner Schrift *Über das Nichtseiende oder die Natur* erklärt hat: Erstens existiert überhaupt nichts; zweitens, wenn etwas existierte, könnte es nicht erkannt werden; und drittens, wenn etwas existierte und erkannt werden könnte, wäre keinem damit gedient, davon in Kenntnis gesetzt zu werden.

Was mich angeht, hege ich den Verdacht, daß der normale Wahnsinn – ich meine den sanften Wahn, der entschieden hartnäckiger und weit schwerer zu kurieren ist als Demenz und Tobsucht – durch die Option für das Irreale und gegen das Reale gekennzeichnet ist, durch die Option für das Unerreichbare und gegen das Erreichbare. In einem heute vergessenen Buch von C. S. Lewis gibt der Teufel seinen Missionaren *in partibus infidelium,* die nicht zum Heil, sondern zum Verderben der Menschen auf die Erde geschickt werden, als wichtigste Anweisung mit auf den Weg, den Menschen ein Begehren nach unbestimmten und nicht existierenden Dingen einzuflößen und sie von jedem realen und unmittelbar erfahrbaren Genuß abzubringen: »Der Mensch, der sich (...) an irgendeiner Sache in der Welt um der Sache selbst willen freut (...), ist durch diese Tatsache allein von vornherein gewappnet gegen unsere raffiniertesten Angriffsmethoden. (...) Ich kannte einen Menschen, der vor einer starken Versuchung zu gesellschaftlichem Ehrgeiz durch seine noch größere Vorliebe für Kutteln mit Zwiebeln bewahrt wurde.«[18] Sieht man sich die Leidenschaften an, die die Menschheit im wesentlichen umtreiben, Machtbesessenheit und Geldgier, stellt man fest, daß der Gegenstand am Horizont des Begehrens in der Tat in eigenartiger Weise abwesend ist. Weder Machtbesessenheit noch Geldgier sind, für sich genommen, eine Schwäche für etwas *Bestimmtes.* Nun ist aber das Wesen dieser Leidenschaften gerade dann am besten zu erfassen, wenn sie nur für sich, sozusagen abstrakt, betrachtet werden. Die wahre Machtbesessenheit ist mitnichten Ausdruck eines Hungers nach bestimmten greifbaren Gütern, die erst der Machtbesitz zugänglich machen würde (Frauen, Geld, Ansehen), vielmehr ist es ein Gefallen an der Macht selbst; was die Macht tatsächlich einbringen könnte, ist nebensächlich. Wem es um Frauen, Geld oder Ansehen geht, will sicherlich auch einen bestimmten Einfluß, findet aber an der Macht selbst kaum Geschmack, bestenfalls daran, was ihre Ausübung ihm eröffnet. Insofern ist er weniger fehlgeleitet und vermutlich weniger gefährlich als der Potentat, dessen Genießen sich in einer Machtausübung ohne faßbaren Gegenstand erschöpft. Wem es wirklich um Macht geht, schert sich um die Güter dieser Welt reichlich wenig. Er hortet nur Macht, wozu ist gleichgültig. Ebensowenig ist Geldgier nicht Gier nach jenen Gütern, die durch Geldbesitz erreichbar werden, sondern das schiere Geld-haben-Wollen; etwas haben zu wollen ist für ihn unerheblich, wenn nicht gar von eher *gegenläufigem* Interesse. Ein Teil seines Vermögens zu »realisieren«, ob finanztechnisch (eine Vermögensanlage in Bargeld umzuwandeln, flüssig zu halten) oder im gewöhnlichen Wortsinn (sein Geld in einen realen Genuß umwandeln und zu konsumieren), ist für diejenigen sozusagen ein Verlustgeschäft, denen am Geld-Haben mehr liegt als daran, wozu es ermächtigt. Als Leidenschaften ohne konkreten Gegenstand, als welche alle Leidenschaften definitiv zu verstehen sind, wollen weder Machtbesessenheit noch Geldgier vom realen Nutzen etwas hören. Wir haben es hier mit einer systematischen Verkehrung realer in irreale Werte zu tun; oder wie sich Marcel Aymé in *Aller retour* auf den Geiz des Onkels gemünzt ausdrückt: mit der »Verlagerung von Realitäten in eine abstrakte Ordnung«. Die Ausrichtung des Begehrens auf eine Sache, die alles, nur eben nicht real ist, gehorcht im Grunde einer *Anziehungskraft der Leere.* Diese gibt sich exemplarisch und noch unverhüllter in einer Halluzination zu erkennen, die in Philosophie und Literatur in regelmäßigen Abständen immer wieder als neuester und schärfster Kick Furore macht: Die Idee des wahrscheinlichen und unmittelbar drohenden Endes – der Welt, der Kultur, der Zivilisation, der Natur oder was auch immer. In der langen Kette der Untergangspropheten hat noch jeder das nahende Ende als absolute Neuigkeit und Gewißheit angekündigt. Bei diesen Prophezeiungen ist ein doppelter Betrug im Spiel: zum ersten, als neu auszugeben, was so alt und fadenscheinig ist wie die Welt selbst. Noch nie war Mangel an Leuten, die die Welt für hoffnungslos verkommen hielten. Ein klassisches Beispiel wäre Plinius der Ältere, der vor fast 2000 Jahren seine gesamte *Naturkunde* hindurch einen Verfall der Natur und ein nahes Weltende diagnostiziert hat. Daraus ist nichts geworden, abgesehen von seinem eigenen Tod, den er leichtsinnigerweise herausforderte, als er es sich nicht versagen konnte, den Vesuv zu ersteigen, während dieser aktiv war. Der zweite, gravierendere Betrug besteht darin, daß man als laut beklagtes *unerwünschtes Faktum* hinstellt, was *faktisch ein Wunschgebilde* ist, das aus momentaner Niedergeschlagenheit oder Existenzangst erwachsen ist. Mir scheint, Cioran stellt, wenn nicht die Ordnung seiner eigenen Gedanken, so zumindest das Denken der meisten Apokalyptiker auf den Kopf, wenn er erklärt: »Der Mensch *wird* verschwinden, das war bisher meine feste Überzeugung. Inzwischen habe ich meine Meinung geändert: er *muß* verschwinden.«[19] Der Todeswunsch folgt der umgekehrten Ordnung: Zuerst wünsche ich, daß alles ein Ende hat; erst dann, auf dieser vielversprechenden Grundlage, baut sich die Halluzination eines tatsächlichen und unmittelbar bevorstehenden Endes auf, von dem ich meine Umgebung in Kenntnis setze, nachdem ich ein konsterniertes Gesicht aufgesetzt habe.

Daß die Angst vor der Katastrophe meist nur die schlecht verhüllte Sehnsucht nach ihr ist, ist offensichtlich; ein Blick in die Tageszeitung oder die einschlägige Literatur bestätigt das zur Genüge. Ein Vorfall in Spanien, der vor ein paar Jahren in die Meldungen kam, illustriert das trefflich: Ein Angestellter eines Atomkraftwerks, von der Überzeugung durchdrungen, daß es früher oder später zu einem Großunfall kommen müsse, brachte seine Frau und seine drei Kinder um und notierte in einem bei den Leichen aufgefundenen Begründungsschreiben, er habe »den Seinen das Ende der Welt ersparen« wollen. Eine kuriose Art, das Schlimmste zu bannen, indem man es umgehend herbeiführt. Doch das Schlimmste ist für den nie sicher genug, der es angeblich befürchtet, sich seiner aber nur vergewissern kann, indem er selbst alles tut, damit es eintrifft. An der unglückseligen Geschichte ist abzulesen, für wie *unwahrscheinlich* derjenige die Katastrophe gehalten haben muß, der sie für unausweichlich und feststehend erklärte. Ähnlich klar und eines weiteren Kommentars nicht bedürftig liegen die Dinge auch bei dem Film *Special Bulletin* (1983; *Achtung!*

Sondersendung!) von Edward Zwick, dessen Plot, wie erklärt wird, sich auf eine aktuelle Zeitungsmeldung stützt: Eine Gruppe von Physikern, Spezialisten für Nukleartechnik, hat eine Atombombe gebaut und im Laderaum eines Frachters installiert, der in einem US-amerikanischen Hafen vor Anker liegt. Zutiefst überzeugt von dem Unheil, das die Atombombe über die Menschheit bringt, drohen sie, die Bombe an Bord des Frachters zu zünden, sollte das Pentagon nicht innerhalb von 36 Stunden öffentlich den Verzicht auf die angekündigten Atomwaffentests erklären. Ist der Wunsch nach Frieden von einem Todeswunsch nicht mehr zu unterscheiden, nimmt kaum noch Wunder, wenn friedliche Absichten mit der Bereitschaft einhergehen, die Erde in die Luft zu jagen. Genauso befremdlich und aufschlußreich ist der Film eines anderen amerikanischen Regisseurs, Peter Watkins, dem die tausend Folterpraktiken und Formen der Unterdrückung, die die wirkliche Welt täglich in Furcht, Schrecken und Trauer versetzen, nicht auszureichen scheinen und der sich in seinem Film *Punishment Park* (1971; *Strafpark*) die letzten Raffinessen an Grausamkeit ausdenkt, mit großem Gestus kritisiert, aber flugs in eine Zukunft verlegt, die als Science-fiction daherkommt. Diesen drei Beispielen läßt sich ein und dieselbe Wahrheit entnehmen: zum einen, daß die Katastrophe kein Gegenstand der Angst, sondern des Begehrens ist; sodann und vor allem, daß sie von dem, der sie ankündigt, nicht für eine feststehende Tatsache, sondern für etwas höchst Ungewisses gehalten wird. Und schließlich: Da der große Kladderadatsch aber auf sich warten läßt, bleibt nur, daß man die Sache selber in die Hand nimmt und mit allen denkbaren Tricks und Hilfsmitteln sein Eintreten beschleunigt.

Vollkasko

Die Analytiker des Glaubens, ob Philosophen oder Psychoanalytiker, sind immer daran ins Straucheln geraten, daß der Glaube die Eigenheit aufweist, auf nichts rückführbar, unangreifbar und unwiderleglich zu sein. So unglaublich und unglaubwürdig der Glaube auch sein mag, er widersteht den Bemühungen der Psychoanalyse, ihn zu ändern, wie denen der Philosophie, ihn zu verstehen. Er ist wie eine uneinnehmbare Festung, die jeden Angriff abzuschlagen vermag: Als sei er voll und gegen alles kaskoversichert, sieht er gelassen jeder Frage und jeder Kritik entgegen, welcher Art sie auch sein mögen. Eine solche Versicherung, die dem Gläubigen Pauschalanspruch auf Rundumsicherung gibt und den Ungläubigen unweigerlich verwirren muß, ist eine wundervolle Sache. Man könnte fast auf die Sicherheiten und den Schutz eifersüchtig und neidisch werden, die der Glaube

Ungewißheit und Ängsten gegenüber gibt, ist aber wiederum auch froh, nicht verrückt zu sein beziehungsweise es nicht zu schaffen, verrückt zu werden. (Man wird nicht einfach nach Belieben verrückt; der Vorgang, der darin besteht, den Verstand zu verlieren, geht nicht umstandslos und auf Wunsch in Erfüllung. Wie sagte doch Doktor Ey: »Nicht jeder, der will, ist verrückt.«) Sich mit Glaubensgewißheiten anlegen zu wollen und ihnen die (in diesem Fall) lächerlichen Kräfte des kritischen Gedankens entgegenzusetzen, erweist sich als aussichtsloses Unternehmen. Aber weil es unmöglich ist, den Glauben an einer Schwachstelle zu packen, ist es noch lange nicht ausgeschlossen, auf die Frage eine Antwort zu finden, warum er so glatt ist und keine Schwachpunkte bietet, an denen er zu packen wäre. Das Problem des Glaubens wäre damit in keiner Weise gelöst – schließlich liefert eine Analyse noch keinen Ausweg und eine Diagnose noch keine Therapie –, aber man würde verstehen, warum es ein unlösbares Problem ist.

Um zu einer befriedigenden Erklärung zu kommen – die, wie gesagt, nicht den Mechanismus des Glaubens entmystifizieren, sondern ihn durch Überzeichnung »fixieren« möchte –, fangen wir vielleicht am besten damit an, wie das Phänomen des Glaubens zu definieren sein könnte. Gewöhnlich stellt man sich den Glauben als einen Glaubensakt vor, der gekennzeichnet ist durch die Anbindung eines bestimmten *Ichs* an ein bestimmten *Etwas*;

das Geheimnis des Glaubens bestünde also in einer Art »Anbändelei«, die zwischen einem bestimmten Subjekt und einem bestimmten Objekt einen unauflösbaren Zusammenhang herstellt. Deswegen scheitern auch alle Widerlegungsversuche, die nicht am Modus ihrer Bindung, sondern an den beiden Polen des Glaubens ansetzen und entweder das Objekt (das, woran du glaubst, sind nur Phantasmen und Pappkameraden) oder das Subjekt (du bist nicht mehr du selbst, du hast gestern noch das Idol verachtet, das du heute anbetest) einer Kritik unterziehen. Die Analyse des Glaubens scheint aber viel ergiebiger zu sein, wenn man von den beiden Satzgliedern des Glaubenssatzes absieht (*ich* glaube an *das*) und seine Aufmerksamkeit auf die Kopula konzentriert, die sie verbindet (ich *glaube* an das); der Glaube erscheint dann nicht mehr als das In-Beziehung-Setzen zweier ziemlich nebulöser Relata, sondern als Tatbestand des In-Beziehung-Setzens, als ein Bindungsmodus, der ein diffuses Subjekt mit einem unbestimmten Objekt verbindet (irgend jemand *glaubt* an irgend etwas). Es ist erfolgversprechender, einen solchen Bindungsmodus, der den Glauben kennzeichnet, für sich selbst zu betrachten, unabhängig von den Relata, die er in Relation setzt. Und zwar nicht nur, weil die Handlung des Glaubens unabhängig vom jeweils miteinander in Beziehung gesetzten Subjekt und Objekt *mutatis mutandis* immer dieselbe ist, sondern vor allem deswegen, weil die Unbestimmtheit der beiden Pole nicht nebensächlich, sondern wesentlich ist, weil der Vorgang des Glaubens notwendigerweise eine den Glaubenden wie das Geglaubte umfassende Unschärfe impliziert. Mit anderen Worten, Glauben ist nicht mehr denkbar, sowie Subjekt und Objekt festgelegt sind. So genügt es nicht zu sagen, daß im Glauben das Band, das das Subjekt mit dem Objekt verbindet, wichtiger ist als die Glieder, die es verbindet; daß diese Glieder schwach und unbedeutend sind und sein müssen, ist deshalb so wichtig, weil sich die Kraft des Glaubens proportional zur Schwäche der Glieder verhält, deren Verbindung er besiegelt. Doppeltes Paradox des Glaubens: Es gibt den Glauben nur unter der Bedingung, daß es nichts gibt, woran geglaubt wird, und niemanden, der glaubt.

Erster Aspekt des Paradoxes: Man kann von Glauben erst sprechen, wenn es kein Objekt mehr gibt, an das geglaubt wird. Denn jeder Glaubensgegenstand ist eine Gefahr für den Glauben. Für die Kaskoversicherung, die jeder Gläubige abgeschlossen hat, gilt als Kündigungsgrund, sich mit seinem Glauben auf einen *besonderen* Gegenstand zu verpflichten (das heißt auf irgendeinen beliebigen Gegenstand, einen Gegenstand überhaupt: mit einer einzigen pauschalen, aber hocheffektiven Geste wird vom Glauben alles weggewischt und ins Abseits versetzt). Der Gott, an den man glaubt, beruht auf der Eliminierung aller anderen Dinge außer Gott, das heißt auf der

Eliminierung schlechterdings aller Dinge. Ohne weiteres kann deshalb der Glaubensinhalt durchaus variieren, zur Verblüffung des Ungläubigen, dem schleierhaft ist, wie ein und derselbe Gläubige gestern an dies und heute an jenes glauben kann: Sowie es sich um einen Inhalt handelt, der nichts ist, sind alle Modifizierungen möglich, da sie ohnehin substanziell an einem wie auch immer bezeichneten Inhalt nichts ändern können, der nichts ist und nichts bleiben wird – wie musikalische »Variationen über kein Thema« aufhören würden, Variationen zu sein. Ohne etwas, was zu variieren wäre, wären sie nur noch imaginäre Variationen: die Wiederholung der immer gleichen Leier, die darin besteht, sich niemals auf etwas zu beziehen. Der Glaube bezieht seine Substanz nicht aus einer Beziehung zur Sache, sondern aus der Abwesenheit jeder Sache. Das ist in etwa gemeint, wenn David Hume von der Natur des Glaubens sagt, er greife niemals auf einen Gegenstand über und definiere sich allein durch die Tatsache des Gebunden-Seins, und zwar so überzeugend, daß nicht weiter präzisiert werden muß, welches der Gegenstand der Bindung ist. Daher die eindringliche und scharfsinnige Frage Humes an die Adresse der Christen, nicht die Gründe für ihren Glauben, sondern seinen Gegenstand zu präzisieren. Eine Frage, die ohne Antwort bleibt, ganz gleich, welchem Feld des Glaubens man sich zuwendet: Hume beweist das bereits mit der Kritik des Glaubens an die Idee der Ursache (in: *Ein Traktat über die menschliche Natur*), noch bevor er die Kritik auf den eigentlich religiösen Bereich ausdehnt (in: *Dialoge über natürliche Religion*). Da eine »Idee« oder ein »Bild« (*idea*) immer von einem »Eindruck« (*feeling*) abgeleitet ist, definiert sich der Glaube (*belief*) als eine Idee, die zwar von keinem Eindruck abgeleitet ist, paradoxerweise aber das Privileg des Eindrucks besitzt, nämlich lebhaft (*vivacity*) zu sein und nicht abgeschwächt wie eine Idee. Die Lebhaftigkeit des Eindrucks auf etwas zu übertragen, bei dem sich der Eindruck noch nicht einmal mehr auf seine Schwundstufe (die Idee), sondern verglichen damit auf überhaupt nichts mehr stützen kann (der Glaube), darin liegt das Geheimnis des Glaubens. Ein Geheimnis, das durch eine umgekehrte und die gewöhnliche Glaubenserfahrung ergänzende Erfahrung bestätigt wird: Sobald die Glaubensüberzeugung tatsächlich einmal von der Lebhaftigkeit des Eindrucks ist, löst das nicht das einfache, normalerweise zu erwartende Gefühl der Bestätigung aus, sondern eine Erschütterung und Überraschung über die ungewöhnliche Koinzidenz zwischen dem, was existiert, und dem, woran man glaubt. Freud erinnert sich in *Die Zukunft einer Illusion* an ein in dieser Hinsicht charakteristisches Erlebnis: »Ich war schon ein gereifter Mann, als ich zum ersten Mal auf dem Hügel der athenischen Akropolis stand, zwischen den Tempelruinen, mit dem Blick aufs blaue Meer. In meine Beglückung mengte sich ein Gefühl von Erstaunen, das mir die Deutung eingab:

›Also ist das wirklich so, wie wir's in der Schule gelernt hatten!‹ Was für einen seichten und kraftlosen Glauben an die reale Wahrheit des Gehörten muß ich damals erworben haben, wenn ich heute so erstaunt sein kann!«[20] Allerdings ist für die Interpretation dieser paradoxen Glaubensstruktur – allmächtig und zugleich »seicht und kraftlos« zu sein – vielleicht weniger die Philosophie als die Psychopathologie und die Psychoanalyse zuständig. Denn der Glaube, definiert als reiner Akt der Bindung, unabhängig davon, woran er bindet, ist klinisch betrachtet eindeutig ein *Symptom*: Er verweist nicht darauf, was er aufs Podest hebt, sondern immer auf etwas anderes. Das, woran er glauben macht, ist nichts, der Glaubensakt selbst ist alles; die Frömmigkeit impliziert somit nicht die Liebe zu diesem oder jenem, sondern die Liebe zu etwas ganz anderem, zu einem Etwas, das sich nie mit diesem oder jenem vermengen wird und das es erst einmal mit Hilfe einiger Monate Analyse zu entdecken gilt. Nebenbei bemerkt zeigt sich hier auch, wie sehr der Glaube mit dem Thema des Anderen zusammenhängt (ein Zusammenhang, aus dem sich unschwer der theologische Charakter der Analyse des Begehrens bei Lacan ergibt). Von daher läßt sich auch plausibel machen, weshalb dem Glauben nie der Boden zu entziehen ist: sicherlich auch, weil er die Wirklichkeit verleugnet, weil er sich durch einander widerstreitende Tatsachen bestätigt sieht, also einen paranoiden Rationalitätsüberschuß erzielt, in erster Linie aber schlicht deshalb, weil er keine Wurzeln besitzt, die auszureißen wären. Er ist nicht zu packen, nicht weil er besonders zähe wäre, sondern einfach weil sein Gegenstand nicht existiert. Um abgeschafft werden zu können, müßte es ihn geben. *Etwas* kann *etwas* beseitigen, *nichts* kann *nichts* beseitigen.

Zweiter Aspekt der paradoxen Glaubensstruktur: Man kann von Glauben erst sprechen, wenn es kein Subjekt mehr gibt, das glaubt. Jedes Glaubenssubjekt ist nämlich aufgrund seiner Stimmungsumbrüche ebenfalls eine Gefahr für den Glauben; soll nicht das ganze Sicherheitssystem zusammenbrechen, das mit Abschluß der Glaubenskasko etabliert wurde, darf sich das Subjekt, das heute an dies glaubt, in keiner Weise dem Subjekt verpflichtet fühlen, das gestern an jenes glaubte. Deshalb münden Ansätze zur Selbstkritik, ob sie im Stillen oder öffentlich verhandelt wird (insofern sind die bei Schauprozessen abgegebenen Erklärungen vermutlich weniger erzwungen, als es den Anschein hat), so gut wie nie in einen Versuch, die eigene Geschichte zu begreifen, sondern in die schlichte Vergangenheitsleugnung (»Ich bin nicht mehr der, der ich gewesen bin«). Was man hier austreibt, ist nicht nur der Schatten der eigenen Person, sondern das Reale überhaupt, insofern das Reale etwas ist, das sich seiner Grundbedingung nach verändert; der Exorzismus des Realen vermengt sich somit mit dem Exorzismus der Veränderung. Der Glaube will sich mit einem so wechselhaften Realen gar nicht erst einlassen, er will nicht einmal selbst »real« sein, da er sich dann selbst verändern könnte. Der Glaube geht somit mit einer magischen Beseitigung der Idee der Veränderung einher; während die Erfahrung beweist, daß sich der Glaube verändert, will der Glaube selbst, an jedem beliebigen Punkt seiner Geschichte, davon nichts wissen: Er ist nur Glaube, wenn er postuliert, daß er als solcher nicht veränderbar ist. Von daher all die verschiedenen, gegen die Idee der Veränderung getroffenen Absicherungen. Gegenüber einer *Vergangenheit,* in der er sich nicht mehr wiedererkennt, sagt das Subjekt nicht, daß es sich anders besonnen habe, sondern daß es damals nichts oder jedenfalls noch nicht wahrhaft es selbst gewesen sei, jetzt aber wäre es endlich zu sich gekommen und wirklich dabei, über die eigene Person ganz zu verfügen und die Wahrheit zu begreifen. Gegenüber einer *Gegenwart,* in der jemand anderes eine nicht zu vereinbarende Meinung vorbringt, setzt das Leugnen der Veränderung – noch raffinierter – nicht am vergangenen, sondern am gegenwärtigen Subjekt an, dem nachgewiesen wird, daß es sich nicht anders besonnen, sondern schon immer genau diesem häßlichen Irrtum angehangen habe. Der umgekehrte Weg wie zuvor, doch mit demselben Ziel: Veränderungsprozesse zu leugnen, von denen tödliche Gefahr für den Glauben ausgeht. Schauprozesse gegen Abweichler von der Parteilinie haben seit je unisono das gleiche Lied angestimmt:

Dieser Mann, von dem heute offenbar geworden ist, daß er schlecht denkt (anders als er müßte), hat in Wirklichkeit schon immer Gedanken und Absichten gehegt, die gegen die Partei gerichtet waren. Eigentlich kann er nur unter der Bedingung schuldig gesprochen werden, daß er es schon immer war. Die Schuldzuweisung auf das ganze Leben auszuweiten, gehört seit je zu den Gepflogenheiten von Anklägern; schon Tacitus pflegte in seinen *Annalen* und *Historien* nach dem Muster zu verfahren, immer wieder zu unterstreichen, daß ein Verbrecher nicht nur hie und da Verbrechen begangen, sondern von Geburt an über seinen künftigen Verbrechen gebrütet habe, daß es ihn erfülle, sie auszuhecken, daß er, da sämtliche Handlungen seines Lebens mit kriminellen Gedanken verquickt sind, sozusagen mit Leib und Seele Verbrecher sei. Schließlich kann sich der Exorzismus des Realen auch auf die *Zukunft* richten, beispielsweise durch ein Dekret, das einen zu einem bestimmten Zeitpunkt getroffenen Beschluß für alle Ewigkeit festschreibt und ihn von jeder künftigen Revision ausnimmt. Für jede dogmatische Lehre, für Geschichtsbilder und Institutionen ist das eine interessante Möglichkeit. So hat beispielsweise die athenische Volksversammlung den Beschluß gefaßt, die Bestrebung, von der Volksversammlung beschlossene Gesetze wieder umzustoßen, unter Todesstrafe zu stellen. Um sich vor Stimmungsschwankungen zu schützen, greift die Instanz, die der öffentlichen Erörterung und Diskussion dienen soll, zu dem Mittel, die Diskussion zu beschneiden und mit Sanktionen zu bedrohen. An dieser juristischen Absicherung gegen eine unwägbare Zukunft ist zum einen ablesbar, wie schwer die Ungewißheit wiegt, die das kommende Reale umgibt, zum anderen, wie hilflos und lächerlich die Maßnahmen sind, die gegen sie zu ergreifen sind. Darüber hinaus wird hier auch etwas offenbar, was für den Glauben fundamental ist: das Reale zu bannen, indem von ihm alles abgespalten ist, was dem Wechsel unterworfen ist. Die drei angeführten Fälle sind Illustrationen für den immer gleichen Vorgang: eine beliebige Behauptung von der Hypothek der Idee einer möglichen Änderung zu entlasten und ihr dadurch und nur dadurch den Status einer glaubwürdigen Aussage, das heißt eines Glaubenssatzes zu verschaffen. Ich wiederhole: Die Funktionsweise des Glaubens ist unvereinbar mit der Anerkennung von Veränderung: Aus diesem Grund wird der, der ich war, als ich den Glauben nicht hatte, von mir nicht als der anerkannt, der ich war, bevor ich mich verändert hatte, sondern als nichts und niemand; – deswegen wird der, der den Glauben nicht mehr hat, vom Gläubigen nicht als ehemaliger Glaubensbruder anerkannt, der sich anders besonnen hat, sondern als ewiger Ungläubiger; – deswegen droht die athenische Volksversammlung im vorhinein für jeden möglichen Versuch mit Strafe, ihre eigenen Entscheidungen zu ändern, indem sie sie paradoxerweise per Gesetz über das

Gesetz stellt und damit zu einem dem Wandel der Zeit entrückten Gegenstand reinen Glaubens macht.

Generell bestätigt sich immer wieder, daß sich ein Widerspruch für den Glauben nie als Hindernis erweist (gleichgültig, ob eine jetzige mit einer früheren Behauptung kollidiert oder – was nicht weniger häufig vorkommt – eine Behauptung zu widersprüchlichen Konsequenzen führt), und zwar aus dem überaus logischen Grund, daß zum Glaubensgegenstand definitionsgemäß gehört, nicht zu existieren – er mithin jeder Diskussionsmöglichkeit entzogen ist (diskutieren läßt sich nur über etwas, nur das Nichts ist indiskutabel). Daher ist auch das politische Feld stets Glaubenssache: Weil es nichts zu bieten hat, worüber wirklich zu streiten wäre – also Raum für endloses Diskutieren läßt –, bleibt sein Gegenstand für immer ungewiß und unbestimmt (aus diesem Grund kann die Politik im übrigen alle vom traditionellen Glauben aufgegebenen Themenfelder mit Leichtigkeit besetzen). Das undiskutierbare Nichts definiert seit jeher den theologischen Gegenstand, der *a priori* und völlig zu Recht jeder Überprüfung und jeder Kritik entzogen ist. So kann man denn auch nicht von einer Scheidung zwischen Glauben und Vernunft sprechen, da ein nicht seiender Glaubensgegenstand *a fortiori* einer vernunftgemäßen Überprüfung nicht zugänglich ist. Einen Gläubigen mit Vernunftgründen kritisieren zu wollen, ist ohne Nutzen. Gerade das Gegenteil von dem trifft zu, wovon uns de Sade unablässig überzeugen will, wenn es beispielsweise im *Gespräch zwischen einem Priester und einem Sterbenden* heißt:

DER PRIESTER: Ihr glaubt also nicht an Gott?
DER STERBENDE: Nein. Und zwar aus einem sehr einfachen Grund: weil es nämlich unmöglich ist, etwas zu glauben, das man nicht versteht.[21]

Die Wahrheit über den Glauben ist genau in der umgekehrten Formel zu finden: Es ist nur möglich, daran zu glauben, was man nicht versteht; und es ist vollkommen unmöglich, etwas zu glauben, was man versteht. Deswegen ist de Sade – wie die meisten Philosophen des 18. Jahrhunderts – völlig unfähig, zum Unglauben vorzudringen: Da er an das »glaubt«, was er zu verstehen meint; da er, mittels einer seltsamen Subversion des Unglaubens, aus seiner Ungläubigkeit nicht einen Gegenstand der Erkenntnis, sondern den eines militanten Glaubens macht. Der wirkliche Ungläubige hingegen macht aus seinem Unglauben keine Religion und ist von Bekehrungseifer völlig frei; wie der *Don Juan* Molières:

SGANARELLE: Ist es möglich, daß Sie gar nicht an das Himmelreich glauben?
DON JUAN: Lassen wir das.[22]

Daß er nicht glaubt, bindet hier den Ungläubigen nicht in einen gegenläufigen Glauben ein. Das, woran Don Juan glaubt, ist *nichts* – und nicht eine Wahrheit, die auf wundersame Weise der Erkenntnis eines Irrtums bei den anderen entspringen würde. Im übrigen kann man auf seiten der Gläubigen nicht eigentlich von einem Irrtum sprechen, da ja der »Glaube« der Gläubigen nicht ein Glaube an etwas, sondern an nichts ist. Die Schwäche des Glaubens, ohne Gegenstand zu sein, macht auch seine Stärke aus: Da in ihm keinerlei Positivität steckt, kann er auch keinen positiven Irrtum begehen. Wo nichts gesagt wird, ist auch nichts falsch. Don Juan weiß das und antwortet Sganarelle nichts, als dieser ihm von Gott und der Welt erzählt und ihn, angeblich um seinen »Gedanken ein wenig auf den Grund zu kommen« die Frage stellt: »Aber an irgend etwas in der Welt muß man schließlich doch glauben. Woran also glauben Sie?« An nichts, es sei denn an das berühmte: »Ich glaube, daß zwei und zwei vier und daß vier und vier acht sind.« Diese Tautologie, aus der Sganarelle das Echo einer Religion der Arithmetik heraushören will, ist die der gestellten Frage völlig angemessene Antwort. Sie verweist auf deren eigene Leere und stellt einem gegenstandslosen Glauben einen ähnlich substanzlosen Unglauben entgegen. Etwas Ähnliches hat Marcel Duchamp mit einem launischen Bonmot ausgedrückt: »Es gibt keine Lösung, weil es kein Problem gibt.« Don Juan sagt nichts, weil ihm von keinem eine Frage zu etwas gestellt worden ist: Da nach nichts wirklich gefragt wurde, ist auch die Antwort nichts.

Das prinzip der ungewissheit

> Das Verlangen nach einem starken Glauben
> ist nicht der Beweis eines starken Glaubens,
> vielmehr das Gegenteil. Hat man ihn,
> so darf man sich den schönen Luxus der
> Skepsis gestatten.
> Nietzsche, *Götzen-Dämmerung*

In einem Abschnitt seiner *Apologie des Raimund Sebundus* versucht uns Montaigne eine so verwirrende wie zutreffende Definition der philosophischen Wahrheit nahezubringen: »Ich kann mir nicht leicht denken, daß Epikur, Platon und Pythagoras uns ihre Atome, ihre Ideen und ihre Zahlen für bare Münze gegeben haben. Sie waren zu weise, um ihre Glaubenssätze über so ungewissen und strittigen Dingen aufzurichten. Aber in dieser Dunkelheit und Unwissenheit der Welt hat sich ein jeder dieser großen Männer bemüht, schlecht und recht ein lichtes

Bild hineinzutragen, und sie haben ihre Seele auf Erfindungen ausgehen lassen, die zum wenigsten einen gefälligen und scharfsinnigen Anschein hätten: wenn sie sich nur, so falsch sie auch sein mochten, gegen den Widerspruch der Gegner verfechten ließen.«[23] Mit anderen Worten: Die von einer Philosophie formulierte Wahrheit, und zwar ihr subtilster gedanklicher Kern, der seit Jahrtausenden als Inbegriff philosophischen Denkens gilt, soll eine Wahrheit sein, für die keiner von denen, die sie ans Licht befördert haben, im entferntesten bereit wäre, als Bürge beziehungsweise als »Autor« einzustehen. Das lateinische *auctor*, auf das unser »Autor« etymologisch zurückgeht, bedeutet sowohl Bürge wie Produzent. Nun erweist sich der hier in Frage stehende Produzent, der Philosoph, als überaus mißtrauisch, was seine eigenen und besten Produkte angeht: Pythagoras glaubt nicht an die Zahlen, Platon nicht an die Ideen und Epikur nicht an die Atome. Anders als der Fanatiker besitzt der Philosoph die Weisheit, an einer Wahrheit, die er verkündet hat, nicht unbeirrbar festzuhalten, weil er weiß – vermutlich besser als sonst einer –, wie bezweifelbar sie ist. Noch einmal Montaigne, in einem anderen Abschnitt seiner *Apologie*: »Ja, ich weiß nicht, ob die Erbitterung, die aus Unmut und Trotz gegen die Meinung und die Willkür des Gerichts und gegen die Bedrängnis entspringt, oder die Sorge um sein Ansehen nicht manchen dahin gebracht hat, eine Meinung bis zum Scheiterhaufen zu verfechten, für die er sich unter Freunden und in Freiheit keinen Finger hätte verbrennen mögen.«[24]

Daß derjenige, der von einer Wahrheit weniger als die anderen überzeugt ist, ausgerechnet der sich auf sie berufende Philosoph sein soll, scheint höchst paradox, ist aber eine Tatsache, an der nicht zu rütteln ist. Sie hängt mit dem Wesen der philosophischen »Wahrheit« selbst zusammen. Zu Recht wird man sagen, eine Wahrheit, gleich welcher Art, sei immer zu bezweifeln. Jedes Faktum, so einfach und evident es zum Zeitpunkt ist, zu dem es sich ereignet, verblaßt schnell und wird ungewiß, sobald es als Teil der Vergangenheit vor das Tribunal der Justiz oder des Kollektivgedächtnisses zitiert wird. Auch eine wissenschaftliche Wahrheit, so gewiß sie für den Augenblick zu sein scheint, verliert einen Großteil ihrer Schärfe, wenn sie mit späteren Auffassungen in Berührung kommt, die sie im Rahmen einer neuen und begrifflich radikal modifizierten Theorie anders interpretieren. »Exakte« Wissenschaften gibt es eigentlich nicht (ausgenommen die Mathematik, die auf jede faktische Wahrheit verzichtet und sich damit begnügt, die Schlußfolgerungen mit den Prämissen in Einklang zu bringen): Eine historische Wahrheit ist so wenig wie eine Wahrheit der Physik je allseitig verbürgt und bleibt stets revidierbar. Historiker oder Physiker sprechen aber trotzdem unbezweifelbar von Tatsachen, so vorläufig und ungesichert ihre Aussagen sein mögen. Wie die Französische Revolution oder das Gesetz vom freien Fall zu interpretieren ist, darüber wird man vermutlich immer streiten können; aber zu bezweifeln, daß sie Fakten sind, daß die Französische Revolution nicht stattgefunden habe oder dem freien Fall nichts in der Natur Beobachtbares korrespondiere, macht keinen Sinn. Beide Tatsachen sind wahr: erstere zum Zeitpunkt, als sie stattfand, letztere zum Zeitpunkt, als sie begriffen wurde. Sie sind wahr, insofern sie in ihrer Zeit wahr waren und sich infolgedessen, wie Hegel sagen würde, durch ein gewisses »Moment« von Wahrheit auszeichnen. Philosophien haben im Unterschied zu anderen Wahrheiten die Eigenheit, nie ein derartiges »Wahrheitsmoment« aufweisen zu können. Sofern die Philosophie eine Wissenschaft unlösbarer oder, wie Brunschvicg meinte, ungelöster Probleme ist, bleiben alle Lösungen, die sie für die eigenen Probleme vorschlägt, aus Prinzip und per definitionem zweifelhaft. Eine Wahrheit, die mit Gewißheit als wahr behauptet werden könnte, dürfte dann in der Tat keine philosophische mehr heißen, sowenig der von einer von ihm selbst aufgestellten Wahrheit Überzeugte noch Philosoph zu nennen wäre. (Von der Falschheit kritisierter Thesen darf ein Philosoph allerdings sehr wohl überzeugt sein.) Dieses Prinzip der Ungewißheit ist ein brauchbares Kriterium, um echte von falschen Philosophen zu unterscheiden. Den Wert der eigenen Wahrheiten wird ein großer Denker eher zurückhaltend beurteilen, während die mittelmäßigen Philo-

sophen von der Wahrheit ihrer Dummheiten immer voll und ganz überzeugt zu sein pflegen.
Man kann sich natürlich fragen, worin nun eigentlich das Interesse an einer philosophischen Wahrheit liegen soll, die prinzipiell ungewiß und zu bezweifeln ist, also keines der traditionellen Attribute von Wahrheit besitzt. Darauf ist zunächst zu sagen, daß man die Bedeutung einer Idee so wenig mit der gesicherten Erkenntnis ihrer Wahrheit in einen Topf werfen darf wie die Bedeutung einer Tatsache mit ihrer Erkenntnis. Der Sexualität wird allgemein eine eminente Bedeutung zugeschrieben, daß sie rätselhafte und dunkle Seiten hat, steht auf einem anderen Blatt. Die Untersuchungen von Freud, Bataille, Lacan und zuvor schon Schopenhauer, die der verschwiegenen Seite der Sexualität mit so großem Ernst auf der Spur waren, bezeugen das. Jede Wirklichkeit, bei der es wirklich um etwas geht, hat wie jede grundlegende Wahrheit auch etwas Zwiespältiges, um nicht zu sagen Paradoxes: Alle Welt kennt sie, aber keiner weiß etwas Genaues. Das Hauptinteresse an einer philosophischen Wahrheit liegt jedoch in ihrer negativen Kraft, das heißt in ihrer Macht, Ideen zu vertreiben, die noch unzutreffender sind als die Wahrheit, die sie *a contrario* ausspricht – eine kritische Kraft, die, obwohl sie selbst keine einzige klare Wahrheit verkündet, mit einem gewissen Erfolg eine ganze Reihe von Ideen an den Pranger stellt, die fälschlich für wahr und evident angesehen werden. Von philosophi-

schen Wahrheiten wird dasselbe verlangt wie von Schulschwämmen: In erster Linie müssen sie gut wischen. Eine philosophische Wahrheit hat im wesentlichen hygienischen Wert. Sie liefert keinerlei Gewißheit, schützt aber den geistigen Organismus davor, sich an Illusionen oder Wahnideen anzustecken. Andererseits liegt in der Ungewißheit, die ihren Wahrheiten inhärent ist, nicht nur die Schwäche der Philosophie, sondern auch ihre Stärke. Die Kraft des Zweifels hat in der Tat nur darüber Macht, was sich für sicher und feststehend ausgibt; gegenüber allem, was sich selbst als unsicher und zweifelhaft präsentiert, versagt sie aber völlig. Denn eine unsichere Wahrheit läßt sich prinzipiell auch nicht *widerlegen*: Der Zweifel vermag nichts gegen den Zweifel. Deswegen kann Montaigne in der oben zitierten Passage zu Recht bemerken, das Eigentümliche aller großen philosophischen »Erfindungen« sei, daß sie sich »gegen den Widerspruch der Gegner verfechten ließen«.

Ein beständiger Gedanke ist in der Tat ein Gedanke, der die Kraft hat, sich zu verteidigen, nicht nur gegen Einsprüche, die gegen ihn vorgebracht werden, sondern auch und besonders gegen Verfälschungen und Fehlinterpretationen. In *Life and Habit* hat Samuel Butler einmal treffend bemerkt, daß eine Wahrheit, die nicht standfest genug ist, Verfälschungen oder Verballhornungen zu überstehen, nicht besonders robust sei. Ähnlich ist es auch bei Übersetzungen, die einem Text böse mitspielen können. Aber noch die miserabelste Übersetzung wird einen wirklich starken Text kaum je ganz ruinieren. Für einen Text ist es geradezu ein Qualitätstest, ob er sich immer wieder der Prüfung des *traduttore traditore* – will sagen »wer übersetzt wird, wird versetzt« – gewachsen zeigt.

Darin, daß die tiefsten philosophischen Wahrheiten so ungewiß sind, liegt im übrigen auch die Erklärung für die scheinbar paradoxe und rätselhafte Tatsache, daß eindeutig widersprüchliche und sogar gegensätzliche Aussagen gleichermaßen zutreffen können. Beispielsweise gibt es wohl kaum treffendere Äußerungen über die Liebe als die von Platon im *Gastmahl* und die von Lukrez in *De rerum naturae.* Freilich auch keine, die sich so diametral entgegenstehen wie diese. Das friedliche Nebeneinander gegensätzlicher Wahrheiten läßt sich nicht durch das Hegelsche Phantasma vom absoluten Wissen erklären, das am Ende der Geschichte alle philosophischen Aussagen in sich versöhnt, sondern durch die Ungewißheit jeder dieser Aussagen. Nimmt man philosophische Wahrheiten als definitive Errungenschaften, würden sie sich (sofern sie vom selben sprächen) gegenseitig ausschließen. Nimmt man sie aber als stets zweifelhafte und ungefähre Wahrheiten, tolerieren sie einander. Im übrigen gibt es nicht den geringsten Grund, weltanschauliche Divergenzen als Gegensätze aufzufassen oder zu behaupten, eine Idee widerspreche einer anderen, während sie lediglich differieren. Nietzsche bemerkt zu Beginn von *Jenseits von*

Gut und Böse, daß die Lehre, von der Idee der Differenz habe man zu der des Gegensatzes überzugehen, zur Grundausstattung von Verblendung gehöre: »Der Grundglaube der Metaphysiker ist *der Glaube an die Gegensätze der Werte*. Es ist auch den Vorsichtigen unter ihnen nicht eingefallen, hier an der Schwelle bereits zu zweifeln, wo es doch am nötigsten war: selbst wenn sie sich gelobt hatten ›*de omnibus dubitandum*‹. (...) Es wäre sogar noch möglich, daß *was* den Wert jener guten und verehrten Dinge ausmacht, gerade darin bestünde, mit jenen schlimmen, scheinbar entgegengesetzten Dingen auf verfängliche Weise verwandt, verknüpft, verhäkelt, vielleicht gar wesensgleich zu sein.«[25]

Eine philosophische Wahrheit, war unser Ausgangspunkt, kann nur Geltung beanspruchen, sofern sie ungewiß ist; eigentlich kommt ihr nur eine einzige Art von Wirksamkeit zu, eine medizinische; am Materialismus eines Epikur und Lukrez kann ich das kurz erläutern. Es ist keine Frage, daß der Materialismus – Epikur ist da geradezu das Schulbeispiel – so unhaltbar wie heilsam ist: unhaltbar, was seinen Wahrheitsgehalt, heilsam, was die Summe der Irrtümer und Absurditäten anlangt, die er widerlegt. Die beiden grundlegenden Maximen des Epikureismus können mit Recht als besonders simple und armselige Gedanken gelten. Die Wahrheit mit materieller Existenz und das Gute mit Lusterfahrung gleichzusetzen, stößt jede Erwartung nach tiefergehender Aufklärung vor den Kopf, kärglicher als mit diesen beiden Punkten kann man kaum abgespeist werden. Andererseits ist zu beobachten, daß der Versuch, die Wahrheit mit etwas anderem als der Materie, das Gute mit etwas anderem als der Lust gleichzusetzen, im allgemeinen zu Positionen führt, die alles andere als geheuer und weit abwegiger sind als die zwei Grundformeln Epikurs. Als kritische Philosophie ist der Materialismus vielleicht die höchste Form des Denkens, die es gibt; als »wahre« Philosophie ist er aber auch dessen trivialste. Wie Nietzsche in *Jenseits von Gut und Böse* (Aphorismus 9) bemerkt und damit den oben zitierten Gedanken Montaignes fortsetzt: Eine Philosophie hört auf glaubwürdig zu sein, sowie sie anfängt, an sich selbst zu glauben. Was die Kraft der epikureischen Philosophie, wie übrigens jeder großen Philosophie, ausmacht, ist nicht, daß sie zu einer tiefen und sicheren Wahrheit hinführt, sondern daß es ihr sozusagen gelingt, mit *dem geringsten aller Irrtümer* auszukommen. Was mich angeht, sehe ich keinen Grund, warum ich das Glaubensbekenntnis nicht unterschreiben sollte, das ein Teilnehmer des *Club of Queer Trades* von G. K. Chesterton ablegt (wenngleich der Autor Sorge trägt, es sofort wieder zu widerrufen): »Wenn man nur materialistisch oder unbesonnen sein kann, wähle ich den Materialismus.« Eine zweifelhafte Wahrheit ist im übrigen auch deshalb einer scheinbar sicheren Wahrheit vorzuziehen, weil sie weit weniger zu der »Unbesonnenheit« verführt, universelle Zustimmung erlangen zu wollen – notfalls auch mit Feuer und Schwert. Eine zweifelhafte Wahrheit kann unschwer auf eine Bestätigung oder Widerlegung durch das Reale verzichten, wogegen eine als sicher erachtete Wahrheit notwendigerweise von dem heftigen, ja zwanghaften Wunsch nach einer faktischen Verifizierung, einer erfolgreichen Konfrontation mit dem Realen getrieben wird – weswegen denn auch der Mensch des Zweifels jedermann in Frieden läßt, während der Mensch der Gewißheit keine Ruhe gibt, bevor er nicht die ganze Welt aufgescheucht hat. Die Tugend eines minimalistischen und unsicheren Diskurses besteht somit darin, daß er inoffensiv ist, keinen Schaden anrichtet und nicht dazu taugt, für etwas in Dienst genommen zu werden, während ein selbstsicherer Diskurs immer im Verdacht steht, Vorspiel zu einem Kreuzzug zu sein. Kurz, die »Sicherheit« eines philosophischen Diskurses – in beiden Wortbedeutungen – liegt darin, daß er *kritisch* und *unnütz* ist.

Wenn Philosophie eher dazu taugt, Irrtümer auszuräumen als Wahrheiten zu verkünden, folgt aus diesem scheinbar paradoxen, aber wahren Tatbestand, daß die Hauptfunktion der Philosophie nicht so sehr die ist, denken zu lernen, als vielmehr die, es zu *verlernen.* Einen soliden Gegenbeweis, der belegt, daß das so paradox gar nicht ist, liefert übrigens die Dummheit. Entgegen dem weitverbreiteten Irrtum rührt Dummheit nicht von einer

Trägheit, sondern einer zügellosen Weitschweifigkeit des Denkens her. Das beste Beispiel hierfür sind Bouvard und Pécuchet, unstrittig die modernen Helden der Dummheit. Wie es in Offenbachs *Die schöne Helena* heißt: Das den »Verstandesdingen« entgegengebrachte Interesse ist häufiger ein Zeichen für Mittelmäßigkeit als für Klugheit. Montaigne, der scharfsinnigste französische Denker, hat nicht aus Koketterie und sicher zu Recht von sich behauptet, kein Schnelldenker zu sein.

Die Rolle der Intelligenz wird bekanntlich böse überschätzt. Die meisten Menschen haben ungeheure Angst, sexuell für impotent gehalten zu werden; die Angst, für dumm gehalten zu werden, ist aber gewiß nicht geringer. Ein Eingeständnis mangelnder Intelligenz ist geradezu ehrenrührig, fast als ob man einem das Existenzrecht abspräche. Mit der größten Harmlosigkeit, wie es scheinen möchte, macht sich Descartes zum Anwalt dieses hartnäckigen und absurden Generalanspruchs auf Intelligenz und eröffnet seinen *Discours de la méthode* gleich im allerersten Satz mit der Feststellung: »Der gesunde Menschenverstand ist die bestverteilte Sache der Welt, denn jedermann meint, damit so gut versehen zu sein, daß selbst diejenigen, die in allen übrigen Dingen sehr schwer zu befriedigen sind, doch gewöhnlich nicht mehr Verstand haben wollen, als sie wirklich haben.«[26] Ich werde den Verdacht nicht los, daß die inflatorische Überbewertung des Intellekts, die bei allen Ansätzen einer radikalen Trennung von Körper und Geist aufzutreten pflegt, in erster Linie einem, wie die moderne Psychiatrie meint, zwangsneurotischen Größenwahn zuzuschreiben ist, der alle Brücken zu kappen sucht, die den Menschen in seiner natürlichen Verfaßtheit mit der übrigen Welt, belebter wie unbelebter Materie, verbinden. Es ist das Fantasma eines Parvenüs und eines Aufsteigers, würde ich sagen, der sich durch seine Intelligenz in der Tat über seine natürlichen Ursprünge erhoben hat, sich derzeit jedoch bemüht, seine wahre Herkunft vergessen zu machen. Das Absurde an diesem überschießenden Wunsch nach Intelligenz liegt darin, daß der Repräsentation der Dinge ein höherer Wert beigemessen wird als dem Umgang mit den Dingen, als dem Erleben ihrer tragischen oder begeisternden Intensität. Es heißt, die Beute für ihren Schatten fahren zu lassen, wenn man sich von den Kenntnissen über die Wirklichkeit mehr als vom Reichtum der Wirklichkeit selbst versprechen will. Von derartiger Kost nähren sich so mancherlei Gestalten vom Typus des falschen Weisen, der seinen Seelenfrieden durch eine Art Generalanästhesie der Wirklichkeit gegenüber gewinnt, durch eine Gefühllosigkeit gegenüber dem Realen, die ihm die Fähigkeit nimmt, sich zu ängstigen und zu begehren; Paul Valéry beispielsweise ist so einer, was er im übrigen selbst zu Sprache bringt: »Ich bekenne, aus meinem Geist einen Götzen gemacht zu haben, ich habe jedoch keinen anderen gefunden.« Man könnte nicht besser zum Ausdruck bringen, daß das alleinige Interesse an der Intelligenz sich in der Unfähigkeit äußert, überhaupt noch für etwas Interesse aufzubringen. An dieser Unfähigkeit hatten vor Valéry bereits Bouvard und Pécuchet zu leiden. Einmal mehr rührt man hier an eine verborgene, aber unkündbare Verwandtschaft zwischen reiner Intelligenz und absoluter Dummheit. Eine Figur von Hergé, Séraphin Lampion, eine Verkörperung der Vulgarität, erklärt in *Die Juwelen der Sängerin*: »Wohlgemerkt, ich bin nicht gegen Musik, aber offengestanden, ein Schluck ordentliches Bier ist mir tagsüber lieber.« Man kann sagen, was man will, aber insgeheim gibt man ihm recht; Montaigne hätte sich eine solche Devise wohl ohne weiteres zu eigen gemacht. Auf die »gebildeten Menschen« gemünzt, heißt es in seiner *Apologie des Raimund Sebundus* lakonisch: »Ich für meinen Teil liebe sie recht wohl, aber ich bete sie nicht an.«[27]

Es bleibt zu zeigen, inwiefern das Prinzip der Ungewißheit mit der Grausamkeit zusammenhängt. Es liegt auf der Hand. Ungewißheit ist grausam, weil das Sicherheitsbedürfnis der meisten Menschen überaus drängend und offensichtlich unausrottbar ist. Weshalb der Mensch so beschaffen ist, ist ziemlich rätselhaft und unklar: Viele Menschen können Ungewißheit so schlecht ertragen, daß sie lieber die schlimmsten und realsten Übel auf sich nehmen, wenn sie dafür nur ein Quentchen vager Hoffnung oder einen Schimmer Sicherheit erhaschen. Ein gutes Beispiel ist der Märtyrer: Zwar ist er außerstande, für die Wahrheit, der er sich angeblich sicher ist, eine Begründung oder eine Definition zu geben, dennoch ist er fest entschlossen, für sie, wie die Etymologie des Wortes Märtyrer besagt, durch die Schaustellung seines Leidens *Zeugnis abzulegen*: »Ich leide, also habe ich recht« – als ob die im Leiden beschlossene Prüfung ein hinreichender Beweis wäre für den Wert des Gedankens, oder vielmehr des abwesenden Gedankens, für den sich der Märtyrer-Zeuge zu leiden und zu sterben bereit erklärt hat. Daß die Sache, für die er sich opfert, nicht greifbar ist, erklärt im übrigen, weshalb der Liebhaber des Leidens nie genug bekommen kann (während der Liebhaber der Lust schon einmal befriedigt zurücksinkt): Da die Sache, um die es geht, unerfindlich ist, wird auch kein noch so langes Leiden und Kasteien bis zu ihr vordringen. Von daher haben Marterungen leicht etwas Grotesk-Maßloses, wie A. Aymard und J. Auboyer herausarbeiten: »Es gibt eine Psychologie des Märtyrers, die unvergänglich ist (...). Es fanden sich sogar Freiwillige, Christen aus Asien, die unter Commodus so zahlreich vor den Prokonsul strömten, daß dieser, nachdem einige abgeurteilt waren, die anderen abwies und aufforderte, sich selbst zu geißeln und in den Tod zu springen.« Den Liberalismus dieses Prokonsuls kann man nur loben. Allen genügen konnte er nicht, so erhörte er wenigstens einige der Bittsteller und ließ sie foltern.

Was an dieser Sicherheitssucht am meisten frappiert, ist ihr abstrakter und formaler Charakter, ihr fehlendes Gefühl für das tatsächlich Existierende, für das, was tatsächlich Leid verursacht oder Befriedigung verschafft. Nietzsche stellt zu Recht dem Reichtum der Wirklichkeit die Armut und Leere der Gewißheit gegenüber: »›Nur eine Gewißheit gewährt mir, ihr Götter!‹ ist das Gebet des Parmenides, ›und sei sie auf dem Meere des Ungewissen nur ein Brett, breit genug, um darauf zu liegen! Alles Werdende, Üppige, Bunte, Blühende, Täuschende, Reizende, Lebendige, alles dies nehmt nur für euch: und gebt mir nur eine einzige arme leere Gewißheit!‹«[28] Eigentlich ist relativ unwichtig, ob eine Gewißheit über etwas Reales Auskunft gibt, Hauptsache, sie ist gewiß. Den echten Fanatiker wird man deshalb daran erkennen, daß ihm die Sache im Grunde vollkommen gleichgültig ist, er ist nur davon fasziniert, daß er sie in diesem Augenblick für etwas Feststehendes und Gesichertes halten kann. Ein überzeugter Marxist schenkt den von Marx aufgestellten Thesen so wenig Beachtung wie ein überzeugter Stalinist sich um die realen historischen und psychologischen Hintergründe Stalins schert: Was für sie zählt, ist die rein abstrakte Idee, daß der Marxismus wahr ist und daß Stalin recht hat, eine Idee, die völlig unabhängig davon ist, was Marx geschrieben oder Stalin getan hat. Die Anbetung einer Wahrheit wird immer begleitet von einer ziemlichen Gleichgültigkeit gegenüber dem Inhalt dieser

Wahrheit. Wenn Fanatiker erst einmal anfangen, an ihrem Idol oder ihren wechselnden Idolen zu zweifeln, kommen sie mitunter erst wieder zur Ruhe, wenn sie unspektakuläre, aber felsenfest fundierte Gefilde finden – beispielsweise die Gewißheiten der Arithmetik –, in denen sie ganz aufgehen können. Wer an alles geglaubt, aber auch an allem gezweifelt hat, gibt am Ende seines Weges leicht einen vorzüglichen Buchhalter ab: fehlerfreie Rechnungen zu verfassen, penibel über seine Konten Buch zu führen, ist die Einkehr in das endlich erreichte Utopia eines Wahren, in dem es keine Zweifel mehr gibt. Nicht von ungefähr sollten, Flauberts Entwürfen zufolge, Bouvard und Pécuchet, nachdem sie alles durchprobiert hatten, am Ende wieder zu ihrem ursprünglichen Beruf zurückkehren – gewissenhafte und mustergültige Kopisten.

Wenn die Lust, jemandem zu schaden, gefühlsmäßig oft mehr gilt als die Lust, etwas zum eigenen Vergnügen zu unternehmen, hat auch das womöglich in der Gewißheitsvergötzung seine Wurzeln: Irgendwie haben wir das Gefühl, einem anderen Verdruß zu bereiten, hätten wir fest in der Hand, während wir uns im Vergleich weit weniger sicher sind, ob wir wirklich zu unserem eigenen Vergnügen kommen werden.

Die Gleichgültigkeit des Fanatikers seinem eigenen Fanatismus gegenüber erklärt die scheinbar paradoxe Tatsache, daß der Starrsinn, mit der eine Sache verfochten wird, stets die Kehrseite totaler Wankelmütigkeit braucht; Leichtgläubigkeit scheint beim Menschen fast immer mit launischer Wechselhaftigkeit verbunden. Leichtgläubig und ungläubig, fanatisch und wankelmütig zu sein, ist im Grunde ein und dasselbe: Der Glaubensakt ist ja meist nur eine kurzfristige Kompensation für die Unfähigkeit zu glauben; daher ist es unmöglich, den Leichtgläubigen vom Ungläubigen, den Fanatiker vom Wankelmütigen wirklich zu unterscheiden. Kurz, der Fanatiker ist ein unglücklicher Skeptiker, der sich seiner Skepsis schämt. Der Mensch ist im allgemeinen leichtgläubig, *weil* er ungläubig, und fanatisch, *weil* er wankelmütig ist. Spinoza hat, wie vor ihm schon Macchiavelli und Hobbes, sehr genau gesehen, daß es zwischen Leichtgläubigkeit und der Unfähigkeit, an etwas zu glauben, enge Verbindungen gibt; es ist diese Unfähigkeit, die den Leichtgläubigen ständig und ohne Erfüllung zu finden zwischen den verschiedenen Glaubensinhalten hin- und herschwanken läßt: »Aus der angegebenen Ursache[29] des Aberglaubens geht klar hervor, daß alle Menschen von Natur dem Aberglauben unterworfen sind (...). Weiter geht daraus hervor, daß der Aberglaube wie alle Wahngebilde des Geistes und Eingebungen der Verblendungen sehr verschiedenartig und unbeständig sein muß, und schließlich, daß er nur in Hoffnung, Haß, Zorn und Betrug seine Stütze findet, weil er ja nicht aus der Vernunft, sondern allein aus dem Affekt, und zwar dem allerwirksamsten, entspringt. So leicht es also ist, den Menschen jede Art des Aberglaubens einzuflößen, so schwer läßt sich dagegen erreichen, daß sie in ein und derselben Art verharren. Weil das Volk doch immer gleich elend bleibt, ist es nie lange in Ruhe; sondern das nur kann ihm recht gefallen, was noch neu ist und es noch nicht getrogen hat.«[30]

Zum Schluß möchte ich noch kurz anmerken, daß der Hang nach Sicherheit häufig mit einem Hang zur Knechtschaft einhergeht. So sonderbar er ist, der Hang zur Knechtschaft ist überall zu beobachten – solange es Menschen gibt und sie (um La Bruyère ein bißchen abzuwandeln) »zuviel denken«. Nicht daß es einen rätselhaften Instinkt zur Knechtschaft gäbe, Triebkraft ist wahrscheinlich eher die Hoffnung auf eine Zipfel Sicherheit, den man durch eine Unterwerfungsgeste gegenüber jemandem zu erwerben hofft, der sich als Garant der Wahrheit ausgibt (was selbstverständlich nicht heißt, daß er etwas von ihr preisgäbe). Außerstande, etwas für gewiß zu erachten, aber ebenso außerstande, sich mit dieser Ungewißheit abzufinden, verlassen sich die meisten Menschen lieber auf einen Meister, der behauptet, Inhaber einer Wahrheit zu sein, an die sie selbst nicht heranreichen: wie Moses und die Hebräer, wie Jacques Lacan und seine Anhänger, wie der angebliche Sohn des Gefängniswärters und der Gefangene, von denen in Nietzsches *Der Wanderer und sein Schatten* (Aphorismus 84) die Rede ist, oder wie jener andere, »vor dem Gesetz stehende« Türhüter in der berühmten Parabel Kafkas, der dem »Mann vom Lande« den Eintritt verwehrt und niemandem (obgleich er bestechlich ist und Geschenke nimmt) erlaubt, sein Geheimnis zu ergründen. Statt ihr Nichtwissen zu akzeptieren, tauschen sie ihre Freiheit lieber gegen die Illusion ein, daß es jemanden gibt, der für sie denkt und Dinge weiß, die sie nie wissen werden. Gefolgschaften und Fanatismus in all seinen Spielarten sind somit weniger das Werk dessen, der Anschluß sucht, als das der erphantasierten Mittelsperson, in deren Namen der Anschluß geschieht. Der Fanatiker selbst glaubt an nichts; er glaubt dafür an den, von dem er annimmt, daß er an etwas glaubt. Nicht ich glaube, sondern er; und weil er glaubt, glaube ich an ihn, – obwohl ich nichts weiß, weder über ihn noch über das, was er weiß. So klar wie man es sich nur wünschen kann, macht dieser Procura-Glaube deutlich, woher Leichtgläubigkeit rührt: Leichtgläubigkeit folgt nicht etwa einem natürlichen Hang zum Glauben, im Gegenteil, sie entspringt der totalen und unerträglichen Unfähigkeit, als Person überhaupt an etwas zu glauben.

Postskript über die Liebe

Was Grausamkeit der Wirklichkeit ist, wird in der Grausamkeit der Liebe in besonders spektakulärer und aufschlußreicher Weise anschaulich; daß die Liebe grausam ist, ist nun weder ein besonders neues noch ein vernachlässigtes Thema (eher im Gegenteil). Aber grundlegende Fragen zeichnen sich dadurch aus, daß sich ihnen immer wieder neue Seiten abgewinnen lassen, ähnlich wie jedes große Kunstwerk, beispielsweise der Musik, immer wieder Stoff für Neuinterpretationen liefert, die vorher unbemerkte Seiten entdecken und dadurch das Interesse an ihnen lebendig halten. Ohne einen derart weitreichenden und vermessenen Anspruch zu erheben, beschränkt sich mein Anliegen darauf, die Grausamkeit der Liebe mit der Grausamkeit im allgemeinen in Beziehung zu setzen und zu zeigen, daß erstere nur eine Variante beziehungsweise, wie man in der Musik sagt, eine »obligate Variation« letzterer ist.

»Liebe« verstehe ich im umfassendsten Sinn des Wortes: als Liebe zu einer anderen Person natürlich, aber auch und fast mehr noch als Liebe zum Leben (oder zur Wirklichkeit) und schließlich als Liebe zu sich selbst – in Rede steht nicht: die Liebe zu Gott, die die drei vorgenannten Formen der Liebe (die Existenz Gottes einmal vorausgesetzt) anders ausrichten würde, sowie die Nächstenliebe (eine abstrakte und irreale Liebe, hinter der häufig ein nur zu realer Haß steckt. Sie fällt hier unter den Tisch. Außer in den Romanen Tolstois und irgendwelchen Erbauungsbüchern habe ich sie noch nirgendwo entdeckt). Es mag verwundern, die Liebe zu den Dingen oder die Liebe zu sich selbst höher eingestuft zu finden als die Liebe zu einer geliebten Person, die gemeinhin und noch nicht einmal zu Unrecht als höchster Ausdruck der Liebe gilt. Aber zwischen der Liebe, die von Augenblicken tiefsten Schmerzes zu Augenblicken höchster Wonne reichen kann (Liebe zu einer Person), und der Liebe, von der auf die Dauer der meiste Schmerz und die meiste Beschwernis ausgeht (Liebe zu sich selbst, Liebe zu den Dingen), muß ein Unterschied gemacht werden. Daß die Liebe zur Dingwelt der Liebe zu einer Person nachgeordnet ist, mag zutreffen, aber auch das Umgekehrte, daß die Liebe zu einer Person der Liebe zur Dingwelt nachgeordnet ist, trifft zu, und zwar mit größerem Recht. Wenn also beide wechselseitig voneinander abhängen, hat die Liebe zur Dingwelt gleichwohl den höheren Stellenwert. De Vigny hat mit seinen berühmten zwei Verszeilen natürlich recht: »Was ist mir der Tag? Was ist mir die Welt? / Daß sie schön sind, werde ich erst sagen, wenn deine Augen das gesagt haben.« Die Formel umgedreht, ist aber noch weit stimmiger: Dann und nur dann werde ich deine Augen schön finden, wenn ich zuvor den Tag und die Welt schön gefunden habe. Mit anderen Worten: Zweifellos gibt es nichts im Leben, das wichtiger und ein größeres Geschenk wäre als die Liebe (im üblichen Sinn) – abgesehen vom *Leben selbst*. Das bringt auch Spinoza zum Ausdruck, wenn er die Liebe definiert als »Lust, verbunden mit der Idee einer äußeren Ursache«.[31] Die Liebe ist nur ein Abkömmling – selbstverständlich der wichtigste – der Liebe zum Leben.

Um Mißverständnisse zu vermeiden, möchte ich klarstellen, daß die von mir gemeinte Grausamkeit der Liebe herzlich wenig mit der Grausamkeit der Erotik zu tun hat, die Georges Bataille im Blick hat, wenn er in der körperlichen (vom Mentalen aber nie völlig abgespaltenen) Liebe das grausame Projekt einer physischen Zerstörung am Werk sieht, ein Attentat auf das »Individuum« im geliebten Wesen, den (geradezu schopenhauerischen) Willen, dessen individuellen Charakter aufzubrechen und es mit Gewalt wieder zum Gattungswesen zu machen, das es exemplifiziert. Das läuft auf eine Art erotischer Dekonstruktion hinaus, die mit dem Kuß, einer verdeckten Form der Beißlust, beginnt, und in einem allgemeinen Zerfleischen und Zerhackstücken kulminiert, sofern die Liebe alle Stationen ihres Weges durchläuft. Es ist hier nicht der Ort, die Richtigkeit oder Falschheit dieser These zu erörtern (was sich, wie mir scheint, nicht eindeutig entscheiden läßt), ich möchte nur betonen, daß sie mit meinem Thema in keinem unmittelbaren Zusammenhang steht.

Daß die Liebe, um auf unser Thema zurückzukommen, grausam ist, ist auf allen Ebenen und in allen Bedeutungen des Wortes »Liebe« unschwer auszumachen: bei der Liebe zu sich selbst, der Liebe zu den Dingen oder der Liebe zu jemandem. Paradoxerweise ist, mit kühlem Kopf betrachtet, keines dieser Liebesobjekte wahrhaft liebenswert. Da er immer und notwendigerweise eine schlechte Wahl getroffen hat, ist jeder Verliebte dazu verurteilt, als Volltreffer zu verehren, was in Wirklichkeit eine Niete ist. Das kann jeder ohne weiteres selber spüren: Liebesqual ist nichts anderes. *Odi et amo,* heißt es bei Catull. »Odi et amo. Quare id faciam, fortasse requiris. / Nescio, sed fieri sentio et excrucior« – »Hassen und lieben zugleich muß ich. Wie das? – Wenn ich's wüßte! / Aber ich fühl's, und das Herz möchte zerreißen in mir.«[32] Diese grausame Feststellung gilt für alle Formen von Liebe. Die Liebe zu mir selbst ist zugleich ein Verabscheuen: Denn meine Person ist nur das ausgebufft und geschickt programmierte Projekt eines völligen Verschwindens; der Tod kennt nur einen kurzen Aufschub, keine Begnadigung; das ist es, was das Ich, wie es bei Pascal heißt, verabscheuenswert macht. Die Liebe zur Dingwelt ist ein Verabscheuen: Allein schon deswegen, weil die Dinge kein besseres Schicksal haben und auch kaum länger dauern als ich. Die Liebe zu einer Person ist ein Verabscheuen: Denn unvermeidlich wird sie dahin kommen, mich einmal nicht mehr zu lieben (die mitleidloseste, die bedrückendste Kränkung meiner Eigenliebe) – es sei denn, mir fiele es zu, meine Liebe selbst zu verlieren: die leichteste aber vielleicht auch unheimlichste Kränkung, da sie den Verdacht in mir weckt, daß die Ursache aller Enttäuschung in mir selbst (und nicht bei den anderen) liegt, in meiner Unfähigkeit, mir selbst treu zu bleiben (meinem Begehren Dauer zu verleihen, Spur zu halten, gar einer Idee zu folgen). Chamfort hat alle Elemente dieses Dilemmas in der Formel versammelt: »Das Glück ist keine einfache Sache, es ist sehr schwer, es in uns zu finden, und es ist unmöglich, es anderweitig zu finden.«

Die Liebe (wie die Wirklichkeit) ist grausam, weil in ihr dieses Paradox und dieser Widerspruch steckt: zu lieben, ohne zu lieben; als dauerhaft auszugeben, was vorübergehend ist. Aufs äußerste kondensiert, könnte man auch sagen, daß etwas existiert und zugleich nicht existiert. Denn es liegt im Wesen der Liebe, immer lieben zu wollen, in Wirklichkeit aber immer nur bestimmte Zeit zu lieben. Insofern stimmt die *Wahrheit* der Liebe nicht mit der *Erfahrung* der Liebe überein. Deshalb bedeutet das Abklingen eines Liebeskummers zugleich eine Steigerung eben dieses Kummers, wie Rousseau in *Julie oder die neue Héloise* bemerkt (ein Freund des tiefbetrübten Saint-Preux glaubt ihn durch den Hinweis aufzurichten, jeder Liebeskummer vergehe doch irgendwann, worauf Saint-Preux prompt und völlig zu Recht erwidert, sein Schmerz werde nur noch schlimmer, wenn er sich vorstelle, er könne einmal *vorbei sein*): Das Ende der Liebe ist genau das, was an der Liebe am Grausamsten ist. Den Schmerz zu vergessen, läuft also darauf hinaus, seine eigentliche Ursache wieder ins Bewußtsein zu rücken; diese kann wohl hin und wieder in der Schwierigkeit bestehen, eine Person zu lieben und von ihr wiedergeliebt zu werden, im wesentlichen wird sie jedoch in der Unmöglichkeit bestehen, überhaupt etwas zu lieben. In der Liebe ist deshalb das Ende der Qualen nur der Beginn der wahren Strafe.

Wenn die Liebe, wie der Titel eines berühmten Werks von Manuel de Falla sagt, Zauberkraft besitzt, so deswegen, weil sie etwas Unmögliches verwirklicht oder zu verwirklichen scheint: aus nichts etwas zu machen (wie übrigens auch umgekehrt, dies etwas wieder zu nichts zerfallen zu lassen). Platon hat im *Gastmahl* genau den Punkt getroffen, als er das Problem der Liebe als ontologisches gefaßt und die Trunkenheit der Liebe als das berauschende Gefühl einer flüchtigen Berührung mit dem